L. AILLAUD

CHRONIQUES

DU

VIEUX NIMES

— NIMES —
Jo. FABRE, Editeur, Place du Marché
1923

L. AILLAUD.

CHRONIQUES

DU

VIEUX NIMES

— NIMES —
J. FABRE, Editeur, Place du Marché
1923

CHAPITRE I

Les Anciennes Juridictions de Nimes.

Il y avait jadis, dans notre organisation judiciaire une véritable confusion de pouvoirs. Dans son consciencieux travail sur nos anciennes juridictions, publié dans les Mémoires de l'Académie de Nimes, en 1889, M. le docteur Puech dit, à ce propos : « En l'absence de démarcation précise, la moindre cause donnait lieu à des embarras, à des conflits, et motivait trop souvent une grosse affaire en règlement de juges. Il en résultait un surcroît de frais qui incombaient à la charge du perdant ; il s'ensuivait des retards infinis qui portaient préjudice à tous ».

En examinant toutes ces diverses juridictions, on pourra se rendre compte, en effet, de l'embarras du plaideur en face de cette diversité.

La plus importante de ces juridictions, qui datait de 1215, était la sénéchaussée de Beaucaire, créée par Simon de Montfort, d'après une fondation faite dans l'église d'Arles, le 12 juillet. Guiran donne les noms et l'historique de soixante-neuf sénéchaux. Le dernier cité était, en 1651, Hector de Monténard, marquis de Montfrin. Ménard donne cette même liste jusqu'en 1728, et le dernier nom est encore un Monténard ; enfin, en 1789, c'est encore un Monténard qui avait la dignité de sénéchal.

Le pouvoir des sénéchaux s'étendait sur les diocèses de Maguelonne, Nimes, Uzès, Viviers, Mende et le Puy. Le diocèse de Montpellier (Maguelonne) fut, plus tard, détaché de la sénéchaussée de Beaucaire.

Lorsque les Etats du comte de Toulouse furent réunis à la couronne, la sénéchaussée de Beaucaire prit le titre de « sénéchaussée de Beaucaire et de Nimes » qu'elle conserva jusqu'en 1789. Le ressort de la sénéchaussée subit de fréquentes modifications au cours des siècles.

Le sénéchal était en même temps le chef de la justice et le chef de la noblesse de la région. C'est en cette dernière qualité que le marquis de Fournès, sénéchal qui venait de remplacer de Monténard, le 19 mars 1789, fut appelé à présider l'assemblée de la noblesse du diocèse de Nimes, réunie pour élire ses députés aux Etats généraux.

La sénéchaussée fut transformée en Présidial, par arrêt du roi Hénri II, du 27 novembre 1552. Les lettres patentes instituant le Présidial de Nimes sont conservées aux archives municipales (S. E. 1). On trouve encore dans ces mêmes archives un édit du 5 juin 1554, ordonnant qu'il sera levé, sur le sel qui se vend à Nimes, la somme de 2.500 livres pour les gages des officiers du Présidial. Le nom de sénéchaussée fut conservé, à l'entière juridiction de Nimes, toujours restée sous l'autorité du sénéchal.

Une juridiction plus ancienne que la sénéchaussée était le tribunal de l'officialité « dont certains auteurs font remonter l'origine aux premiers siècles de l'Eglise. Ce tribunal, purement ecclésiastique, siégeait dans les dépendances de l'évêché.

Des conflits surgissaient continuellement entre le le Présidial et ce tribunal ecclésiastique, au sujet de leurs attributions respectives, l'officialité prétendant connaître de tous les litiges. Un édit de François Ier, du mois d'août 1539, mit fin à tous ces conflits, limitant l'action de « l'officialité ez matières de sacrements et autres pures spirituelles et ecclesiastiques dont elles pourront congnoistre contre les dits purs laïcs selon la forme de droict ». Cette juridiction subsista jusqu'en 1789.

L'intendant avait droit de juridiction, et il l'exerçait dans toutes les affaires civiles ou criminelles que le roi voulait enlever aux juges ordinaires. « La plupart des questions litigieuses, dit M. de Tocqueville. L'ancien régime et la révolution, qui s'élèvent à propos de la perception de l'impôt, sont de la compétence exclusive de l'intendant et du conseil. Il en est de même pour tout ce qui se rapporte à la police du roulage et des voitures publiques, à la grande voirie, à la navigation des fleuves, etc. En général, c'est devant les tribunaux administratifs que se vident tous les procès pour lesquels l'autorité publique est intéressée. On voit souvent l'intendant ou le conseil attirer à eux des procès qui ne se rattachent que par un lien presque invisible à l'administration publique ou même qui, visiblement, ne s'y rattachent point du tout. »

Une autre ancienne juridiction, que l'on fait remonter à l'année 876, était "la Viguerie". Les vigueries de la sénéchaussée étaient : la viguerie de Nimes, la viguerie de Beaucaire, la viguerie de Gévaudan, et la viguerie du Vivarais. Ménard donne la liste des viguiers de Nimes depuis 1194 jusqu'en 1690 La viguerie de Nimes fut supprimée en 1700. Les pouvoirs des viguiers étaient très limités. Leur juridiction peut être comparée à celle de nos juges de paix.

Bien avant le XIIIe siècle, une grande quantité de marchands italiens, vulgairement appelés Lombards, étaient venus s'établir à Nimes. Philippe-le-Hardi leur attribua, en 1278, un juge royal ordinaire, chargé de juger leurs différends. Ce fut l'origine de la « Cour des Conventions royaux. » Cette juridiction comprit, plus tard, outre Nimes, toute l'étendue du ressort de la sénéchaussée, et elle eut comme justiciables tous les commerçants qui, dans les contrats passés entre eux, convenaient de s'y soumettre. La Cour des Conventions royaux subsista jusqu'en 1749.

Enfin comme juridiction très secondaire, figuraient les Consuls qui rendaient simplement des sentences de police.

Pour des raisons fort diverses, le Présidial et les Consuls de Nimes ne vivaient pas en bonne intelligence. Nombreux furent leurs conflits occasionnés principalement par des questions de préséance.

Au XVIe siècle, le Présidial se composait : du juge-mage, du lieutenant criminel, du lieutenant clerc ou principal, du lieutenant lays ou de robe courte, du lieutenant particulier ou commis à l'université des causes, de vingt-trois conseillers et de trois gens du roi (deux avocats du roi et un procureur du roi). Aux siècles suivants, le nombre des conseillers fut réduit à treize. La composition du Présidial resta ainsi la même jusqu'en 1789.

Par suite des guerres de religion, le Présidial dut, à plusieurs reprises, suspendre le cours de la justice. Ainsi fit-il du mois de septembre 1572 au mois de juillet 1573. A dater du 31 mai 1575, commencèrent pour lui de longues pérégrinations. Il quitta Nimes pour se retirer à Avignon et siègea sur le Pont du Rhône, dans la chapelle St-Nicolas ; de là, il se transporta successivement à Tarascon et Beaucaire. Il ne rentra dans sa résidence qu'en 1579.

Au XVIIe siècle, le Présidial dut fuir devant la peste et émigra à Bezouce en 1629, à Alais en 1640, à Villeneuve-lès-Avignon en 1649, puis à Bouillargues.

En 1771, Maupeou, ayant supprimé les Parlements, créa les Conseils supérieurs, sorte de cour d'appel, dotée d'attributions considérables avec port de la robe rouge. Nimes fut doté d'un Conseil supérieur dans lequel entrèrent quatorze des officiers présidiaux. Soit par jalousie, soit pour tout autre motif, le Conseil supérieur et le Présidial furent continuellement en conflit. Le Conseil supérieur ne dura que quatre ans, et le Parlement de Toulouse rentra dans ses prérogatives.

Le lieutenant principal Ricard, dans ses mémoires, qu'un descendant de ce magistrat a bien voulu nous communiquer, raconte ainsi la joie des Nimois, lors de sa création des Conseil supérieurs.

« Il serait difficile de décrire les fêtes qui eurent lieu à Nimes à l'occasion de l'établissement du Conseil supérieur. C'étaient tous les jours nouveaux feux d'artifice, aubades, sérénades, arcs de triomphe plus magnifiques les uns que les autres aux portes de chaque nouveau juge souverain. Il n'en fallait pas tant pour tourner la tête à la plupart qui parurent, dès le commencement, infatués de leur dignité d'une manière odieuse et ridicule.» (1)

L'amertume de Ricard s'explique par le fait qu'il n'avait pas été appelé, à cause de sa jeunesse, à siéger au Conseil supérieur. Il était demeuré seul chargé de tous les détails des fonctions du juge-mage, du lieutenant criminel, et, dit-il, « du poids de toutes les affaires d'un immense ressort. »

II

Nous avons indiqué que le Présidial et les Consuls avaient de fréquents démêlés au sujet des préséances. Le dernier conflit entre ces deux corps eut lieu en 1784, à l'occasion des funérailles de Mgr de Becdelièvre. Il fut dressé à cette occasion un procès-verbal conservé aux archives communales : « Messieurs les Consuls et conseillers politiques, dit ce procès-verbal, voulant prendre le rang qui leur était dû, conformément à l'arrêt du Conseil du 30 mai 1744, ils éprouvèrent des oppositions de la part de Messieurs du Présidial, et pour éviter le scandale public que leur persévérance aurait pu occasionner en

---

(1) Nous avons publié au mois de juin 1923 (Jo Fabre, éditeur) une biographie de Ricard contenant de nombreux extraits des mémoires inédits de ce magistrat.

prenant le rang dans les défilés où ils devaient être placés et accompagner le deuil avec Messieurs du Présidial, ils crurent devoir se restreindre, vu l'opposition de cette compagnie, à requérir l'exécution du susdit arrêt en le faisant notifier à M. Augier, juge-mage, par Ventujol, huissier de police, qui en était nanti, avec protestation de tout ce que de droit, au cas que le présidial persistât et refusât de s'y conformer.

« Que MM. du Présidial n'ayant pas déféré à cette notification, et ayant, au contraire, défilé avec le deuil, le corps de ville se retira à l'Hôtel de Ville et dressa de suite ce procès-verbal sur ce qui s'était passé ».

Par une coïncidence assez curieuse, le même conflit se produisit aux obsèques de Mgr Plantier, le 1er juin 1875. Au moment où le cortège allait se mettre en marche pour sortir de la cathédrale, les membres du Tribunal civil, après en avoir délibéré, dans l'église même, se retirèrent, parce que le président du Tribunal n'avait pas été invité à porter le quatrième coin du drap d'honneur, qui avait été offert au maire de Nimes.

Le Présidial n'était pas seulement en mésintelligence avec le Consul de Nimes. Il eut à lutter contre la morgue et l'hostilité des membres du Parlement de Toulouse.

« Le Parlement de Toulouse, dit Ricard, dans ses mémoires déjà cités, chercha toutes les occasions d'avilir la magistrature inférieure et de vexer particulièrement le Présidial de Nimes ». Dans ces conditions, les rapports entre ces deux juridictions ne pouvaient être que très froids.

Ricard fait, par contre, dans les dits mémoires, un vif éloge du Présidial qui venait de l'admettre en 1767, malgré son jeune âge (il avait 27 ans), aux fonctions importantes de lieutenant principal.

« Il y avait, dit-il, dans ce tribunal, un bon fonds de connaissances, une succession de lumières et de principes, et une grande habitude des affaires. La justice y était parfaitement bien administrée. Les deux premiers chefs, M. de la Boissière et M. Reinaud, étaient fort riches, vivaient très noblement et couraient peu après le profit. C'était en tout sens une bonne école où, avec de l'assiduité, de l'application et un peu de justesse dans l'esprit, il n'était pas difficile de se former ».

C'était, en effet, une bonne école pour Ricard, car il devint un intègre magistrat, et, plus tard, représentant du tiers-état aux Etats Généraux, il se montra toujours fidèle aux traditions de libéralisme, d'équité et de droiture, qualités si caractéristiques de nos vieux conseillers du Présidial.

Nous dirons quelques mots de la vénalité des charges de conseiller à notre Présidial. Ces renseignements sont, pour la plupart, empruntés à l'intéressant travail de M. le docteur Puech, que nous avons déjà cité.

« Lors de la création du Présidial, dit M. Puech, c'est-à-dire en 1552, une charge de conseiller coûtait deux mille livres tout compris, mais elle acquit une valeur plus élevée lorsque, en payant le droit de « paulette », elle fut devenue la propriété du titulaire ».

Ce droit de paulette, institué en 1604, était une redevance annuelle payée par le magistrat à l'Etat ; cet impôt lui garantissait la pleine propriété de sa charge.

« Ainsi, poursuit M. Puech, en 1616, le conseiller Rogier vendit sa charge 20.000 livres au fils du trésorier Cassagne, et, en 1620, le conseiller Fontfroide en retira le même prix de Gaillard-Guiran. Ce mouvement ascensionnel se continua duarnt la première moitié du règne de Louis XIV. Par exemple, Catherine de Girard, veuve de J.-François Pascal, successeur de la Reiranglade, vend à J.-Pierre Chazel, avocat d'Avignon, l'office de conseiller du défunt au prix de 26.500 livres. Le 8 septembre 1661, Raymond Novy achète des hoirs de François Rozel l'office de garde-sceau, au prix de 30.000 livres; Jacques Novy, cousin du précédent, achète l'office de conseiller de François Boudon, au prix de 34.000 livres ».

Au prix d'achat il convient d'ajouter les frais de provision, réception et installation qui revenaient à près de 2.500 livres.

Par la suite, la valeur des charges devint extrêmement variable. C'est ainsi que l'office de lieutenant criminel, vendu 80.000 livres en 1669, ne trouva acquéreur qu'à 20.000 livres, quarante ans plus tard. L'office de lieutenant particulier, vendu 34.000 livres en 1682, ne fut revendu que 18.000 livres en 1687. La modeste charge de chevalier d'honneur valait à cette époque 8.700 livres.

Ricard acheta la charge de lieutenant principal 19.000 livres, en 1767 ; il eut encore à payer la somme de 7.000 livres pour les frais de provision et de réception. A la suppression du présidial, en 1791, il reçut comme indemnité la somme de 8.000 livres en assignats.

Il y a lieu d'observer que les magistrats, particulièrement le juge-mage, avaient à leur charge des frais de représentation très onéreux.

Le principal revenu du Présidial était ce qu'on appelait « les Epices ». Dans tous les procès, au XIIIe et au XIVe siècles, le conseiller rapporteur recevait, à titre purement gracieux, de la part du plaideur gagnant, des boîtes de confitures et de dragées : telle fut l'origine des épices.

Au XVe siècle, les épices ne furent plus un cadeau en nature, mais une taxe fixée par les juges et qui était plus ou moins considérable. Un arrêt de 1669 régla définitivement la taxe proportionnée au travail, au nombre de séances et à l'importance de l'affaire.

III

Nos archives départementales conservent une quantité considérable de pièces diverses relatives à nos anciennes juridictions régionales. Dans un précieux registre contenant nombre de délibérations secrètes du Présidial, nous avons trouvé une curieuse mercuriale réglant la tenue des magistrats et du personnel de l'ordre judiciaire, l'ordre des audiences etc. Nous croyons intéressant de reproduire « in-extenso » cette mercuriale datant du 28 mars 1669.

« La Cour présidiale délibérant de pourvoir aux abus que par succession de temps se peuvent être glissés dans l'ordre établi dans la Compagnie par les anciens règlements, à la réquisition du Procureur du Roy, a ordonné et ordonnons que la teneur de la mercuriale sera renouvelée pour l'exacte observation de ses articles suivants :

» A l'avenir, tous les officiers de la Compagnie seront tenus d'observer la décence requise aux habits, et, à cet effet, de porter dans l'église-cathédrale la robe, la sotane et le chaperon et ne s'asseoir qu'au banc de la Compagnie ;

» Et au Palais, la robe-sotane, chaperon et bonnet carré ; et par la ville et autres lieux, la robe-sotane et chaperon, ou le long manteau, à la réserve des jours fériés, ou allant en promenade aux environs de la ville, qu'ils pourront porter l'habit court, pourvu qu'il soit noir, ou couleur obscure, sans y pouvoir mettre que du ruban noir.

» Tous les officiers s'abstiendront des assemblées et de toutes les actions qui peuvent déroger à la dignité de leurs charges, mesme d'aller aux lieux portans scandale public, ou par exemple comme sont les cabarets, les berlans (brelans, maisons de jeu), et autres semblables ;

» Et ne se promèneront aux places publiques. Il est défendu de s'absenter sans prévenir la Compagnie. Ils sont exortés de rentrer tous les jours non fériés au Conseil et à l'audience tant qu'ils sont en ville.

» Ils seront tenus indispensablement de servir trois jours consécutifs, tant au conseil qu'à l'audience, les premiers ou derniers de la semaine, sauf en cas de maladie, congé, ou autre empêchement. Et seront les contrevenants privés de la distribution ou de leur portion de la bourse commune.

» Ils seront tenus d'entrer au Palais, depuis la Saint-Michel jusqu'à Pâques, le matin de 7 à 8 heures, en sorte qu'il se trouvent tous à 8 heures, et ne pourront sortir avant onze heures. Et, depuis Pâques jusqu'à la Saint-Michel, de 6 à 7 heures, en sorte qu'ils s'y trouvent tous à 7, et ne pourront sortir avant dix heures.

» Et de relevée, entreront à deux heures précisément toute l'année et n'en sortiront avant quatre heures sans permission, à peyne que leur entrée ne sera point comptée sur leur service.

» Chaque samedi, deux conseillers, un ancien et un jeune, feront la distribution des procès divisés en 3 classes :

» 1. Ceux au-dessus de 10.000 livres ou choses importantes ;

» 2. Ceux au-dessous de 10.000 livres jusqu'à 700, ou affaires médiocres ;

» 3. Les autres au-dessous de 700 livres.

» Les advocats devront assister aux audiences avec la modestie et la décence requises aux habits, sans en pouvoir porter que de noirs, ni de rubans d'autres couleurs, avec la robe et le bonnet carré. Ils ne pourront solliciter les officiers de la Compagnie qu'avec la robe.

» Les procureurs portent la robe et le bonnet carré. Il leur est défendu de sortir de l'audience et d'élever la voix. Ils doivent porter la robe lorsqu'ils vont solliciter les conseillers à leur domicile.

» Les greffiers assistent aux cartels (convocations) et aux audiences en robe et bonnet carré et ne peuvent se faire suppléer par leurs clercs. »

Les jours de féries observés au Palais étaient au nombre de 52. Les audiences chômaient encore du mercredi saint au jeudi après Pâques, les trois jours des Rogations et les trois fêtes de la Pentecôte, soit soit au total 66 jours d'interruption d'audience, avec en plus les dimanches.

Le Présidial chômait encore aux passages des princes et grands personnages traversant notre ville et reçus solennellement.

Les vacances judiciaires avaient lieu pendant les mois de septembre et octobre.

On voit que nos anciens magistrats jouissaient de nombreux loisirs.

IV

Nous terminerons ces notes sur nos anciennes juridictions en donnant quelques indications sur les sénéchaux, juges-mages et officiers du présidial à travers les âges.

Guiran et Ménard nous donnent la liste complète des sénéchaux de Beaucaire et de Nimes. D'après Ménard, le premier sénéchal serait Lambert de Limoux, créé en 1215. Guiran ne fait pas mention de Lambert de Limoux; il cite comme premier sénéchal Péregrin-Latinier, qui figure au second rang sur la liste de Ménard, et qui aurait été créé en 1226.

D'après Guiran, les gages du sénéchal étaient de 700 livres par an. Les juges-mages recevaient 160 livres, les procureurs du Roi 50 livres chacun, et l'avocat du Roi 100 livres.

Les sénéchaux étaient en général fort riches et largements pourvus d'honneurs et dignités; ils étaient aussi bien des hommes de guerre et de gouvernement que chefs de la justice régionale. C'est ainsi que nous voyons Etienne de Vers, ou de Vest, sénéchal de Beaucaire et de Nimes en 1491, chambellan et conseiller du roi Charles VIII, aller guerroyer en Italie, avec son souverain. Il était accompagné du cardinal Briçonnet, évêque de Nimes. De Vers et Briçonnet combattirent vaillamment à la bataille de Fornoue (1495).

Parmi les successeurs de de Vers, nous signalerons Jacques de Crussol (1504), qualifié de chevalier, vicomte d'Uzès, seigneur de Florensac, conseiller et chambellan du roi, grand pannetier de France, capitaine des châteaux de Nimes et de Gallargues. Il fut remplacé en 1523 par son fils, Charles de Crussol qui, outre les dignités dont il avait hérité de son père, fut encore nommé, en 1544, lieutenant du roi en Languedoc.

La liste des sénéchaux est clôturée par les noms de trois membres de la famille de Monteynard qui occupèrent ces fonctions de 1651 à la Révolution. Hector de Monteynard, nommé sénéchal de Nimes et Beaucaire, le 17 août 1651, avait été capitaine au régiment de Languedoc et avait fait plusieurs campagne avec ce régiment. Il fut promu maréchal de camp en 1660 et mourut en 1687. Son fils, François de Monteynard, lui succéda dans ses fonctions de sénéchal. Enfin, Joseph de Mouteynard, fils du précédent, remplaça son père en 1728 et conserva cette dignité jusqu'en mars 1789. Il mourut au mois d'octobre 1793, à l'âge de quatre-vingt-dix ans.

Le dernier sénéchal de Nimes et de Beaucaire fut le marquis de Fournès, nommé au mois de mars 1789.

Nous avons dit l'importance des fonctions de juge-mage ou président du Présidial ; c'était, après l'évêque, le principal personnage de la cité. Au juge-mage et aux conseillers les plus fortunés revenait l'honneur de recevoir les princes et les dignitaires de passage à Nimes. Plusieurs descendaient à l'évêché, quelques-uns, seulement, et bien rarement, au logis du Luxembourg.

Lors de son passage à Nimes, en 1660, Louis XIV fut logé chez M. de la Rouvière, lieutenant du sénéchal, la reine-mère, chez M. de Fabrique, conseiller; le cardinal de Mazarin, chez le président de Rochemore.

Les chroniques de l'époque racontent les fêtes somptueuses données en l'hôtel du président de Montclus, en 1686, en l'honneur de « Messieurs des Etats ».

Les fonctions de juge-mage étaient forcément dévolues à des personnages qui, outre une science juridique approfondie, étaient à la tête d'une grande fortune. Aussi voyons-nous, dans la liste des juges-mages, les noms les plus aristocratiques de la Province.

Nous relevons les noms de cinq membres de la famille de Montcalm qui se succédèrent sur le premier siège du présidial, de 1472 à 1589, puis, six membres de la famille Rochemaure (ou Rochemore), de 1589 à 1586. Aux Rochemore succédèrent Jacques Vivet de Montclus et Henri-François Vivet de Montclus, appartenant à l'une des plus riches familles de la ville.

Le dernier juge-mage fut M. d'Augier, magistrat intègre et respecté, qui occupa ces fonctions jusqu'à la Révolution,entouré de l'estime de ses justiciables.

Nous relevons parmi les noms des principaux officiers du Présidial ceux de : Charles-Joseph de La Baume, lieutenant-général d'épée, ainsi que Joseph de La Baume et de Daunant. M.de Daunant fut le dernier survivant des membres du Présidial : il mourut le 21 février 1823, à l'âge de 92 ans.

Parmi les lieutenants principaux, nous trouvons quatre membres de la famille de Rozel, de 1592 à 1983, et trois de Novi. C'étaient de très vieilles familles nimoises, dont il est souvent question dans l'histoire de notre ville.

Les noms de plusieurs conseillers de la création du Présidial figurent dans nos annales locales à divers titres, tels Pierre de Malmont, Pierre Saurin, Jean Albenas dit Poldo, Denis, Brueis.

Poldo d'Albenas est l'auteur de nombreux ouvrages dont le plus connu est intitulé : « *Discours historial de l'antique et illustre cité de Nimes*, imprimé à Lyon en 1560. D'Albenas fut un des premiers adeptes de la Réforme.

Dans la suite, nous relevons les noms de Trimond, de Fabrique, Cassagne, de Bane de Cabiac, Rouvière, seigneur de Vestric ; Mazaudier, Chabaud, sieur des Isles ; du Roure, Fontfroide, Ferrand, Gaillard-Guiran, Louis Guiran, Novi, de Cray, Fornier, de Baudan, Jossaud, Charles Magne, Dominique Séguier, père du savant Séguier ; Daudé, sieur de Séjas ; Huc du Merlet, François, Louis et Léon Ménard, Pintard, Mazauric, Griolet, Fajon, Madier, Delon.

Le Musée du Vieux-Nimes s'est récemment enrichi d'un plan de Nimes au XVIIIe siècle, extrêmement intéressant. On y voit figurer le vieux Palais, en façade sur la rue du Palais, ou de l'Audience, longeant les Arènes, avec, à la suite, les prisons et les greffes. Ces batiments s'étendaient jusqu'à la rue de l'Amourier, aujourd'hui rue de la Violette.

Nous empruntons au consciencieux travail de M. le conseiller Jouve. « Le palais de justice de Nimes », une courte description du Palais du Présidial :

« La porte du palais était vers l'endroit où se trouve de nos jours le guichet de la Maison d'arrêt, quelques mètres plus au midi. En face, à travers une arcade, on pénétrait dans le bourg des Arènes.

« La porte du palais donne accès à une cour qu'entourent, de gauche à droite : les greffes, la prison, la chapelle, la salle des pas-perdus, précédant le grand auditoire du Présidial. La décoration de cette salle d'audience est presque nulle : ni tableaux de maîtres. ni boiseries sculptées, ni riches tentures. Simplement, au plafond, un semis de fleurs de lys dans des caissons d'azur. Les autres salles sont plus médiocres encore. Leurs fenêtres s'ouvrent sur de tristes préaux, font vis-à-vis avec les grilles des cachots. Les façades sont nues, rongées d'humidité, écrasées avec leurs toitures inégales, sous la masse élancée de l'ancien donjon des Arènes, sans harmonie, sans style. Aucune manifestation d'art ».

Au moment de la suppression du Présidial, cette juridiction comprenait vingt-trois officiers, cinquante-neuf avocats, cinquante procureurs et dix-huit huissiers.

Toutes les anciennes juridictions furent supprimées en 1790 et remplacés par des tribunaux de district. Ces tribunaux ne durèrent que cinq ans. Le 22 août 1795, un seul tribunal fut créé par département. Cette organisation fut encore supprimée par une loi de décembre 1799, qui créa un tribunal civil et un tribunal de commerce par arrondissement. Un tribunal d'appel fut attribué à Nimes. Son ressort constituait à peu près celui de notre ancien Présidial, c'est-à-dire le Gard, l'Ardèche et la Lozère et, en plus, l'ancien Comtat-Venassin, devenu le département de Vaucluse.

Les anciens bâtiments du Présidial ne suffisaient plus à abriter ces diverses juridictions. La construction d'un nouveau palais donna lieu à mille difficultés. Nous renvoyons nos lecteurs, sur ce sujet, à l'intéressant ouvrage de M. le conseiller Jouve, qui contient les détails les plus complets et se ermine par la liste des magistrats de la cour, de 1811 à nos jours, et quelques courtes notices, sur Durand et Bourdon, architectes ; Numa Boucoiran, peintre, et Paul Colin, sculpteur, qui ont contribué aux travaux du Palais.

CHAPITRE II

Les anciennes Eglises et Chapelles des environs de Nimes

I

Il y avait autrefois, aux environs de Nimes, de nombreuses églises rurales, toutes détruites pendant les désastreuses guerres de religion.

L'une des plus anciennes se trouvait au quartier de Grézan près le domaine des Sorbiers.

Cette église, située sur les limites des territoires de Nimes et de Marguerittes, en face le château du Luc, était dénommée Saint-André-de-Costebalens ou de Costabalens, et desservait le hameau du Luc et les mas des environs. Ménard donne des détails très longs sur un plaid tenu en 921, présidé par l'évêque de Nimes, au sujet d'un différend qui avait lieu entre le curé de Quart, église rurale voisine, et le curé de St-André-de-Costabalens.

Tous ces détails, du reste fort peu intéressants, sont extraits d'une charte du Chapitre de la cathédrale de Nimes, reproduite par Germer-Durand, dans le Cartulaire publié en 1875 et rubriquée sous le n° XX.

Cette charte mentionne, comme églises voisines, Notre-Dame de l'Agarne et St-Martin-le-Quart. Il y avait encore d'autres églises dans la vaste plaine qui s'étend entre Nimes, Marguerittes, Poulx, Rodilhan, Redessan et Manduel.

L'Agarne était un hameau de quelques feux, situé en face Marguerittes, bâti sur les bords d'une source, alors abondante, à droite du chemin d'Avignon. Il ne reste de ce hameau qu'une seule maison, qui se trouve sur la route et est appelée « la Baraquette ».

Le prieuré de l'Agarne dépendait du Chapitre de la Cathédrale de Nimes. L'Agarne fut détruit en 1529 et ses habitants se réfugièrent à Marguerittes. On retrouve, dans le chemin bas qui longe la baraquette, des vestiges de l'église de l'Agarne. La croix élevée à l'embranchement des deux chemins de Marguerittes indique à peu près l'emplacement de l'église. Une légende veut qu'un trésor ait été enfoui, jadis, au pied de cette croix, et de temps à autre, de braves gens vont furtivement, la nuit, creuser la terre, aux environs de la croix dans l'espoir de trouver une fortune imaginaire.

Quart était autrefois un village sur les bords du Vistre, et se trouvait placé au quatrième milliaire « ad quartum lapidem» en allant de Nimes à l'ancien Ugernum (Beaucaire). Un pont sur lequel passe cette route porte encore le nom de Pont de Quart. L'église de ce village, sous le patronage de Saint-Martin, dépendait du Chapitre de Nimes Elle fut détruite au XVIe siècle, par les calvinistes, et ses matériaux servirent, pour la plupart, à la construction de Rodilhan, village où se réfugièrent les habitants de Quart, pendant les guerres religieuses.

Après les églises de l'Agarne et de Costabalens, on trouvait, sur le chemin des Canaux, non loin de Rodilhan, la chapelle de Polvelières. Polvelières était un pauvre hameau de quelques feux, d'une origine fort ancienne et dont il est question dans une charte du cartulaire de la Cathédrale de Nimes, sous la date de 941. Le seigneur de Manduel en avait la haute et basse justice. En 1322, le hameau se trouvait réduit à deux feux. L'église, dédiée à l'apôtre Saint Jean, était complètement ruinée au XVIe siècle : le titre fut transporté à l'église voisine de Rodilhan. La chapelle de Polveliers fut relevée de ses ruines en 1653, par un sieur Raymond de Chabaud, et a ainsi subsisté jusqu'à nos jours.

A une courte distance se trouvait Vendargues, Villa Veneranicus, village aujourd'hui détruit, dont le nom est resté à un domaine connu sous le nom de château de Vendargues. Il était situé sur le bord de la voie romaine qui allait de Nimes à Arles, par Bellegarde. Vendargues était un prieuré simple et séculier, du titre de Saint-Denis, annexé à celui de Bouillargues, et uni, comme lui, à la mense capitulaire de la Cathédrale de Nimes.

L'église disparut au XVIe siècle. Le château de Vendargues possède une fort belle chapelle gothique, très habilement restaurée par M. Allard, architecte dernier propriétaire du domaine.

Mérignargues était un hameau situé près du bois de Campagne, commune de Caissargues. En 1322, il n'était composé que de six feux. L'exploitation rurale de ce nom est située sur l'emplacement de l'église du lieu, appelée dans diverses chartes : Notre-Dame-de-Mérignargues.

Sur le chemin de Générac, à deux kilomètres de Nimes, se trouvait l'église rurale de Codols, sous le titre de Saint-André ; elle existe encore sur la rive gauche du Cadereau : c'est un petit édifice sans caractère.

Plusieurs bulles de Papes l'indiquent comme possession du Chapitre de la Cathédrale de Nimes. Elle existait dès le XIe siècle.

Dans les environs immédiats de la ville, on comptait bon nombre d'églises ou chapelles. Celle dont l'origine semble la plus ancienne serait Sainte-Perpétue. Cette église était située sur le chemin qui longe, au sud, le jardin de l'ancien Prieuré de l'Assomption, à proximité de l'orphelinat Barnouin, et les terrains qui servaient de champ de Mars au siècle dernier. Elle avait été bâtie, bien avant le VIIIe siècle, avec les débris de tombeaux romains provenant de la Voie Domitienne. Elle fut ruinée à la fin du XVIe siècle : on en voyait encore les débris il y a une quarantaine d'années. Plusieurs pierres tumulaires, trouvées dans ces débris, ont été transportées au Musée lapidaire.

Le titre de Sainte-Perpétue fut transféré, au commencement du siècle dernier, à la chapelle des Capucins, remplacée aujourd'hui par l'élégante église de l'architecte Feuchères, qui orne l'Esplanade.

II

Sous les remparts de la ville, à proximité de l'Esplanade, se trouvait l'église de Saint-Jean-de-Jérusalem. Elle avait d'abord appartenu aux Templiers. A la suppression de l'Ordre, en 1312, elle passa, avec toutes ses dépendances, aux chevaliers de Saint-Jean-de-Jérusalem. Les chevaliers de Saint-Jean-de-Jérusalem avaient, dans notre région, des possessions considérables. L'église et les bâtiments des chevaliers étaient contigus au jardin des Augustins et occupaient l'emplacement de l'ancien Collège de l'Assomption, sur l'avenue Feuchères. L'église et toutes les constructions attenantes furent détruites lors des troubles religieux de 1562.

L'église voisine des Capucins fut construite de 1660 à 1663 : elle était sous le vocable de Saint Denis, en reconnaissance de la protection que l'évêque Denis Cohon avait toujours témoignée aux Capucins. Ces religieux étaient venus à Nimes en 1638 ; leur couvent, aujourd'hui la sous-intendance et la manutention militaire, date de 1651.

En 1667, les religieux plantèrent solennellement une croix devant leur couvent, sur le terrain de l'Esplanade ; cette croix subsista jusqu'en 1793.

Les Capucins rivalisaient avec les Jésuites par l'éclat des fêtes qui eurent lieu dans leur église, dans diverses circonstances, notamment pour la canonisation de plusieurs saints de leur ordre. Le Présidial et les Consuls, invités, y assistaient régulièrement en robe.

En 1791, l'église des Capucins devint une paroisse constitutionnelle, sous le titre de Saint-Denis. Sous la Terreur, l'église et le couvent servirent de prison ; ces bâtiments regorgeaient de prisonniers. A la chute de Robespierre, ils étaient près de huit cents.

Après le Concordat, en 1803, l'église Saint-Denis prit le titre de Sainte-Perpétue et Sainte-Félicité, en souvenir de la vieille église dont nous avons parlé précédemment.

L'église actuelle, construite sur l'emplacement de la chapelle des Capucins, fut inaugurée le 2 février 1864.

Comme nous le disons plus haut, les Augustins étaient voisins des Chevaliers de Jérusalem. Le couvent occupait l'emplacement de la maison Bézard et et du couvent des Dames de Saint-Maur. Ces religieux s'établirent à Nimes en 1352 ou 1353. Ils furent bien accueillis par la Ville, qui les aida à construire leur église et leur couvent. Leur église jouissait du droit d'asile, qu'elle conserva longtemps. Le couvent fut dévasté par les religionnaires à diverses reprises. En 1621, église et couvent furent abattus de fond en comble, et les matériaux servirent à compléter les fortifications de la ville. Rentrés dans Nimes après la paix de 1629, les Augustins habitèrent la rue du Mûrier-d'Espagne, puis, sous la protection de Monseigneur Cohon, ils construisirent un nouveau couvent près de la Maison-Carrée : ce monument leur servit d'église jusqu'en 1791.

Le second couvent des Ursulines, situé en face des Arênes, à côté de l'Hôtel du Cheval-Blanc, avait été institué par Mgr Cohon, en 1665. La chapelle, d'assez vastes proportions, existait encore il y a une trentaine d'années et servait de remise à un camionneur.

Mgr Cohon avait été inhumé dans la chapelle de la Vierge de la Cathédrale, mais son cœur reposait dans la chapelle du couvent. Ce cœur, avec la pierre qui le recouvrait, furent transportés à la Cathédrale le 25 décembre 1814, et placés dans la chapelle où l'évêque était enseveli.

En poursuivant notre itinéraire autour des vieux remparts de la ville, nous trouverons d'autres anciennes chapelles sur lesquelles malheureusement, les historiens locaux ne nous donnent que fort peu de renseignements.

III

Sur le territoire actuel de la paroisse Saint-Paul se trouvaient quatre rectoreries : Saint-Jacques de la Porte Couverte, Saint-Laurent du Mazel, Saint-Martin des Arènes et Saint-Vincent.

La chapelle de Saint-Jacques de la Porte-Couverte était adossée à la Porte de France (appelée par le populaire, « le Pourtalas », mais dont le nom plus rationnel est « Porte d'Espagne ». Elle était voisine de l'hôpital Saint-Lazare ou léproserie. Cette rectorerie était d'un revenu de 100 livres ; le chanoine Goiffon donne la liste des recteurs qui se succédèrent de 1446 à 1774.

L'église de Saint-Laurent du Mazel était située, d'après Goiffon, à l'extrémité de la rue de ce nom, près du Cadereau. Eug. Germer Durand la situe au quartier de l'Abattoir. Nous pensons que ce dernier la confond avec l'église Saint-Vincent, dont nous parlons ci-après. Saint-Laurent est citée dans une bulle de 1156. En 1750, les revenus de cette rectorerie n'étaient que de 60 livres. L'un des recteurs de cette église fut Journet, qui, dans son jeune âge, avait échappé miraculeusement au massacre de la Michelade, grâce à la protection du capitaine Bouillargues, dont il était le frère de lait. Cette rectorerie n'exista plus à dater de 1776.

Saint-Martin des Arènes était située dans la galerie du premier étage, en face du Palais de Justice. Le regretté M. Mazauric a consacré à cette église une étude très attachante qui forme un long chapitre de son œuvre posthume sur les Arènes. Cette rectorerie existait bien avant le XIe siècle.

En même temps, on trouvait dans l'enceinte du cirque une autre église, du titre de Saint-Pierre des Arênes : c'était une annexe de Saint-Martin.

Il ne reste aucune trace de Saint-Vincent. E. Germer-Durand indique simplement qu'elle était près des murs antiques de la ville. Goiffon la place à l'extrémité d'un faubourg de ce nom, aux environs du boulevard de la République, entre les rues Saint-Pierre et Emile-Jamais. Elle est citée dans le cartulaire de Notre-Dame dès 991. Goiffon donne la liste des recteurs de cette église jusqu'à la Révolution.

Sur une partie du terrain occupé aujourd'hui par le Lycée, s'élevait le monastère Sainte-Claire, où les pauvres Clarisses. Ces religieuses s'établirent à Nimes en 1240 ; leur couvent avait le titre d'abbaye. Le service religieux du monastère fut assuré, en

1313, par Raymond Ruffi, le fondateur de l'Hôtel-Dieu, et ses exécuteurs testamentaires furent chargés de la nomination des chapelains. Un certain désordre s'étant introduit dans la communauté, en 1520, les Consuls durent s'occuper de rétablir la régularité, et firent nommer par le légat du Pape à Avignon, une abbesse digne de cette fonction. En 1526, le couvent ne comprenait que neuf religieuses capitulantes; le monastère fut entièrement démoli à la Michelade.

Nous devons mentionner les chapelles des deux hôpitaux qui, assez spacieuses, étaient très fréquentées par les habitants des faubourgs, les églises paroissiales étant devenues, au cours des deux derniers siècles, trop étroites par suite de l'augmentation de la population.

La chapelle de l'Hôtel-Dieu fut bâtie à l'instigation de l'évêque Cohon qui y célébra la première messe le 25 mai 1660. Elle était dédiée à Saint-Jacques en souvenir de la chapelle voisine du même nom. L'inscription placée sur la porte de la chapelle, rappelant cette fondation, fut effacée en 1790. Mgr de la Parisière contribua largement à l'agrandissement de l'hôpital. Lorsqu'il mourut, en 1736, son cœur fut porté dans l'église de l'Hôtel-Dieu et les religieuses firent placer une inscription rappelant les bienfaits de cet évêque.

La chapelle de l'Hôpital Général a été détruite lors de la construction du Lycée. L'entrée donnait dans le vaste vestibule qui a été conservé, ainsi que la façade de l'hôpital, datant de 1810. Le service du culte fut assuré, dès l'année 1724, par un prêtre attaché à l'établissement. A la Révolution, les sœurs des deux hôpitaux durent quitter le costume religieux, mais continuèrent à donner leurs soins aux malades. Plusieurs infirmiers étaient des prêtres restés ignorés de nos terroristes. Ces prêtres célébraient la messe pendant la nuit dans les deux chapelles, durant les tristes années de 1793 et 1794.

Le couvent de la Visitation ou des Saintes-Maries occupait un vaste terrain situé entre les rues Emile-Jamais, la rue Porte-de-France et la rue Mareschal, autrefois appelée rue des Saintes-Maries. Le couvent, vendu comme bien national, le 21 germinal an IV, comprenait : le monastère avec cours et église, d'une contenance de 282 toises carrées (la toise valait 1 m. 949) et un jardin clos, d'une superficie de 2.477 toises carrées. La tout fut adjugé à un sieur Foulc Mathieu, négociant à Nimes, pour la somme de 1.500.000 livres.

Les Visitandines arrivèrent à Nimes en 1664, sous la protection de l'évêque Cohon. Au mois d'avril 1667, de grandes fêtes eurent lieu dans l'église du couvent, en l'honneur de la canonisation de saint François de Sales, fondateur de la Visitation. Les consuls catholiques y assistèrent en robe et chaperon, et portèrent le dais à une procession générale qui eut lieu pour le transfert de quelques reliques du saint, de la cathédrale au couvent ; ces fêtes durèrent huit jours. A la Révolution, la communauté se composait de 16 religieuses et de 2 tourières. En 1814, les Visitandines demandèrent l'autorisation de fonder un nouveau couvent. Cette autorisation fut refusée par l'administration, sous prétexte que le couvent avait été vendu.

Il ne reste plus aucune trace ni de l'église ni du monastère.

IV

Non loin de la Visitation se trouvait le couvent des Récollets. Une inscription placée sur la porte de l'église de ces religieux indiquait la date de 1222 comme année de sa construction. Cette église avait sa façade sur la place Questel, et occupait l'emplacement de la maison Tourneysen, du Café de l'Univers et de l'ancien Hôtel Manivet. Les bâtiments du couvent étaient contigus et un vaste jardin s'étendait jusqu'à la Fontaine, aux environs du Pont de Vierne. Ce jardin était célèbre par l'entrevue qui eut lieu entre Villars et Jean Cavalier. L'accès de ce vaste enclos était public certains jours de la semaine.

Le couvent et les jardins furent vendus comme bien national, en plusieurs lots, le 28 prairial an IV.

Pendant tout le moyen-âge, le couvent et l'église reçurent de nombreuses libéralités de la Ville. Chaque année, le jour de la fête de St-François, patron de l'Ordre, les consuls en chaperon venaient visiter le couvent, et, suivant une vieille tradition, dînaient avec les moines au réfectoire.

La Paroisse Saint-Paul fut créée dans cette église, en 1774, par Mgr de Becdelièvre. Il fut décidé que le service paroissial aurait lieu provisoirement dans l'église des Récollets, en attendant la construction d'une nouvelle église. Ce provisoire dura jusqu'en 1849, date de l'inauguration du superbe monument de Questel. Pieyre dans son histoire de Nimes, donne le dessin de l'ancienne chapelle des Récollets.

L'église étant insuffisante pour l'exercice du culte, les curés de la paroisse réunissaient dans la chapelle des Chassaintes, couvent situé à l'emplacement de l'ancien Grand Séminaire, les habitants du faubourg de la Fontaine. La maison des Chassaintes était un orphelinat de jeunes filles créé par le chanoine Chassaing en 1747, d'où le nom donné à cet établissement.

Sur les bords de la source de la Fontaine se trouvait le couvent de St-Sauveur de la Font, dont les religieuses appartenaient pour la plupart aux familles nobles de la région. L'origine du couvent semble remonter à l'année 900, date de la donation par l'évêque Frotaire Ier, fils de Bernard II, du monument dit le Temple de Diane aux religieuses de Saint-Benoît. Cette abbaye, dont l'existence fut des plus mouvementées, fut détruite par les calvinistes en 1563.

Les religieuses avaient transformé la cella du Temple en une élégante église ornée de plusieurs chapelles, avec une tribune dans le fond.

Après la disparition des religieuses, le temple fut livré à des fermiers qui y entassèrent une grande provision de bois. Un incendie se déclara en 1567, et ce bel édifice fut détruit en grande partie.

En 1760, on pourvut à la conservation des ruines imposantes qui subsistaient ; d'autres réparations furent faites à diverses époques, notamment à la fin du siècle dernier, par l'habile architecte M. Révoil.

La citadelle appelée le Fort, possédait une vaste chapelle qui existe encore et sert aux exercices religieux pour les prisonniers. Cette chapelle était ouverte au public le dimanche. Ce jour-là, ainsi que les jours de fête, on y célébrait une messe militaire solennelle en musique qui attirait une nombreuse affluence. Le gouverneur de la ville y assistait, entouré de son état-major des officiers et soldats de la garnison.

La fondation de l'église Saint-Charles remonte au 29 janvier 1686. C'était un prieuré cure situé dans le faubourg des Prêcheurs et confié aux Pères de la Doctrine chrétienne, appelés à Nimes en 1642 et qui, depuis 1668, dirigèrent le Séminaire. Son érection en paroisse distincte, sous le vocable de Saint-Charles, eut lieu par ordonnance de Mgr Becdelièvre, rendue le 2 octobre 1772. L'église actuelle fut bâtie en 1774, suivant les plans de l'architecte Rollin, et coûta 98463 livres ; elle fut bénite le 23 novembre 1776, par Mgr de Becdelièvre, et continua d'être desservie par les Doctrinaires. Le Séminaire était attenant et occupait l'emplacement de la maison Valz où se trouve le bureau auxiliaire de la Poste.

Sous la Révolution, l'église, en partie dévastée, servit de dépôt pour l'artillerie et on y installa des forges. Elle fut rachetée par un catholique pour le prix de 50 francs.

L'église fut rendue au culte le 12 juillet 1801 et eut pour premier curé M. Bonhomme, prêtre de cœur et d'intelligence, dont le souvenir n'est pas encore perdu. M. le chanoine Albert Durand a donné une intéressante biographie de ce prêtre éminent, qui joua un rôle important dans notre ville au début du XIXe siècle. L'église Saint-Charles fut agrandie en 1866, d'après les plans de M. Libourel.

V

A l'ouest de la citadelle se trouvait le couvent des Bénédictins, dont le local est aujourd'hui occupé par le Refuge catholique, qui s'y établit en 1847. Les Bénédictins, dont nous parlons ci-après, qui avaient abandonné leur monastère de la Val-Sainte à la suite des troubles religieux du XVIe siècle, étaient revenus à Nimes en 1685. Après avoir habité l'ancienne maison épiscopale de la place Belle-Croix, ils échangèrent, en 1770, cette maison avec M. Teisier de Margueritttes, contre un immeuble plus vaste, situé rue des Fours-à-Chaux, aujourd'hui rue Rouget-de-Lisle ; ce couvent fut vendu comme bien national pour la somme de 32.500 livres. La chapelle de ce couvent était modeste. Elle fut remplacée par un élégant édifice consacré en 1860.

Les Bénédictins avaient autrefois la garde du tombeau de Saint Baudile. Leur monastère était situé à l'extrémité de la rue de la Biche, dans le quartier appelé la Val-Sainte. La fondation de l'église et du couvent de la Val-Sainte semble remonter au IVe siècle. Au VIe siècle, Saint Grégoire de Tours fait longuement mention du culte voué au saint orléanais, qui subit le martyre dans notre ville. A cette époque, le couvent était très prospère ; l'église Saint-Baudile était l'objet d'un pèlerinage célèbre, constamment fréquenté. L'affluence des pèlerins était considérable le jour de la fête du saint. Une foire fut établie ce jour-là ; elle était, dit Goiffon, un précieux secours temporel pour les religieux, par les droits que le prieur prélevait sur les marchandises exposées à la vente. Cette foire du mois de mai, rétablie dans notre ville en 1844, a subsisté jusqu'en 1880. Toutes les tentatives faites, depuis lors, pour la ressusciter n'ont pas eu de résultat appréciable. Le prieuré était d'un revenu de 6.000 livres.

Une deuxième église, du titre de Saint-Julien, attenant au Couvent, dont l'origine remonte à l'année 526, servait aux exercices paroissiaux ; elle était desservie par les religieux.

Après avoir été une dépendance du Chapitre de Nimes, le couvent fut cédé à l'abbé de la Chaise-Dieu en 1084. Les religieux se réfugièrent dans cette abbaye après les troubles du XVIe siècle. Ils ne revinrent à Nimes qu'en 1685 et occupèrent, comme nous le disons plus haut, l'ancien évêché de la place Belle-Croix, puis l'immeuble de la rue des Fours-à-Chaux. Les ruines de l'ancienne église Saint-Baudile furent vendues comme bien national à un sieur Buchet, libraire, pour la somme de 110 livres.

Saint Baudile, suivant une vieille tradition, subit le martyre sur la colline qui domine la Val-Sainte. Il existait à cet endroit une grotte témoin du martyre de Saint Baudile, transformée en oratoire dès les premiers siècles et dont la garde était confiée à un ermite désigné par les consuls, qui pourvoyaient à son entretien. M. de Lamothe a retrouvé dans les archives municipales, et publié, un curieux inventaire du modeste mobilier de l'ermite, fourni par la ville.

Comme l'église de la Val-Sainte, l'oratoire était le but de pèlerinages fréquents, notamment les années de calamités publiques.

Vers 1870, la grotte fut l'objet d'une réparation fort maladroite. Elle fut complètement remaniée, agrandie, maçonnée et encadrée d'une vulgaire rocaille, digne pendant de la rocaille qui dépare si mal à propos un des plus jolis coins de notre Fontaine. Le site pittoresque du vieil oratoire fut ainsi complètement dénaturé, et ce fut à jamais regrettable!..

On remarque dans la grotte un très beau sarcophage chrétien en marbre blanc, donné par Mgr de Cabrières il y a cinquante ans.

Le couvent et l'église des Carmes, situés en face la porte d'Arles, dite Porte d'Auguste, datent de 1685 et 1747. La chapelle du couvent était située à la place des Magasins Paris-Nimes. Cette chapelle fut érigée en paroisse en 1773. En 1795, elle servit tour à tour de tribunal militaire, de prison et d'entrepôt.

Le culte y fut rétabli en 1803. Malgré de coûteuses réparations faites en 1837, 1848 et 1855, l'église, mal construite, menaçait ruine ; et constituait un vrai danger pour les fidèles. Un lourd et disgracieux échafaudage dut être établi pour soutenir la voûte. La construction d'un nouvel édifice fut enfin votée ; il fut élevé sur le vaste emplacement de l'Ile de l'Orange, groupement de vieilles masures, situé en face la caserne d'infanterie. Le monument fut exécute d'après les plans de M. Mondet, architecte de

Bordeaux. La première pierre fut posée le 28 mars 1867 et l'édifice fut consacré par Mgr Caverot, cardinal archevêque de Lyon, le 28 octobre 1877. M. le chanoine François Durand a publié une notice sur cette église.

Citons en terminant la chapelle de Saint-Guilhem de Vignoles, très ancienne, citée dans une charte de 1050. Elle était située près du Mas Boulbon et dépendait de l'ancienne paroisse de Sainte-Perpétue. Elle est aujourd'hui complètement ruinée.

CHAPITRE III

Les Dominicains à Nimes

Il paraît certain que saint Dominique aurait passé quelques temps à Nimes, et il est probable que pendant son séjour, il jeta son dévolu sur notre ville pour y étabir un des premiers couvents de l'Ordre des Prêcheurs qu'il venait de fonder. Quarante ans après sa mort, en 1263, quelques Prêcheurs vinrent s'établir à Nimes. On connaît le nom de leur premier prieur ; on l'appelait frère Pierre Jean.

Le premier monastère des Prêcheurs, fondé en 1270, était exactement situé en face la Porte de la ville, dite du Chemin, puis appelée ensuite porte des Prêcheurs. Le fossé et le chemin royal seuls séparaient le couvent de la rue qui se trouvait en face, allant des remparts jusqu'à la cathédrale; cette rue s'appelait Grand'Rue des Prêcheurs, c'est aujourd'hui la rue des Lombards.

D'après Goiffon, « le couvent, richement bâti, présentait le plus bel aspect ; son cloître avait 50 mètres de long sur chacune de ses façades ; l'église n'avait pas moins de 60 mètres de long sur 10 de large. Elle contenait six grandes chapelles de chaque côté et elle était surmontée d'un grand et haut clocher ». Les bâtiments étaient environnés d'un vaste enclos d'environ quatre salmées, soit trois hectares.

Aussitôt aprés la construction du couvent, plusieurs maisons furent élevées dans le voisinage. Elles formèrent un faubourg qui s'appela longtemps le faubourg des Prêcheurs. Ce faubourg s'étendait de la rue Rangueil au quartier de la Bouquerie, en face le jardin des Récollets. Cette enceinte fut élargie en 1688 et un chroniqueur de l'époque manifeste son mécontentement à cet égard : « Tout cela consterne bien des gens, car on fera de grands dégâts et prendra des terrains dans lesquels se trouvent des lieux fort agréables et très récréatifs. On se propose de faire de grandes rues et de les aligner pour communiquer au corps de la ville ».

Le 25 févier 1689, sous la direction de Gabriel Dardalhon, on créa le Cours (aujourd'hui boulevard Gambetta) qui fut planté d'ormeaux. La partie des remparts comprise entre la porte Bouquerie et celle des Prêcheurs avait été démolie en 1688.

Le couvent fut longtemps très prospère : il reçut de multiples donations. Plusieurs personnages de la ville choisirent l'église des Prêcheurs pour lieu de leur sépulture, entr'autres Louis Raoul, le fondateur de l'institution de l'Avocat des Pauvres. En 1560, le couvent comptait 50 religieux. Mais le monastère subit de graves dommages pendant les guerres de religion. Enfin lors de la Michelade, il fut complètement détruit, et les matériaux du couvent furent utilisés par les religionnaires à la construction des maisons voisines. Le Prieur des Jacobins, Nicolas Sausse, fut une des victimes du Puits de l'Evêché.

Dispersés après les événements de 1567, les Jacobins revinrent à Nimes en 1629. Ne pouvant occuper leur ancien couvent complètement ruiné, ils durent loger dans une maison de la ville.

En 1635, ces religieux obtinrent du roi Louis XIII le don de l'emplacement du Vieux Château qui entourait la Porte Auguste, et de quelques vieilles masures voisines. Les tours du château ne leur furent attribuées qu'en 1647.

Le projet d'installation du nouveau couvent des Dominicains sur les terrains de la place du Château entraîna pour ces religieux mille difficultés suscitées par les Consuls d'une part, et les Carmes d'autre part.

Les Carmes firent une violente opposition à la création du nouveau couvent. Ils étaient établis en face le Château ; leur église était située sur l'emplacement occupé aujourd'hui par les Magasins qui font l'angle de la rue Séguier et leur couvent était adjacent. Les Carmes adressèrent au Parlement un curieux mémoire, dans lequel ils affirmaient que la volonté des Papes était que deux ordres mandiants ne devaient pas s'établir dons le voisinage l'un de l'autre. Ils faisaient encore valoir que tout le quartier de la ville, en deça et au-delà des remparts, était nommé quartier des Carmes (place des Carmes, porte des Carmes, etc), et se trouvait en quelque sorte sous leur juridiction. Leur couvent, disaient-ils, avait été construit dans le quartier dès 1270. Enfin, comme dernier argument, les Carmes prétendaient que les Dominicains, du haut des tours concédées, avaient vue sur leur monastère et les jardins. Ils concluaient que les Jacobins avaient tout intérêt à rebâtir leur couvent sur les ruines de leur ancienne résidence de la Porte des Pêcheurs. Le Parlement ne crut pas devoir donner suite à la réclamation des Carmes.

L'opposition des Consuls était plus sérieuse. Ceux ci prétendaient que l'Etat ne pouvait accorder aux Jacobens la propriété du Château et des tours qui appartenaient à la ville de temps immémorial, ainsi que les remparts et les fossés. Cette question ne fût d'ailleurs jamais définitivement tranchée. Elle fut remise en discussion en 1869, au Conseil municipal, au sujet d'une partie des anciens remparts englobée dans l'ancien couvent, alors mis en adjudication.

Le 28 novembre 1647, une transaction entre les Dominicains et la ville mit fin au conflit. Les religieux furent autorisés à abattre les masures du château, ainsi que les deux tours. Ils purent, enfin, édifier leur couvent dont la façade se trouvait sur la place du château : les travaux durèrent jusqu'en 1663.

La ville accorda aux Dominicains une somme de 5.000 livres pour les dédommager des pertes subies à leur ancien couvent du faubourg des Prêcheurs. Ils reçurent, en outre, de larges libéralités de la part des familles nobles de la ville. La chapelle était située près de la Porte Auguste ; elle était dédiée à Saint Louis, en mémoire de Louis XIII et Louis XIV, bienfaiteurs du couvent. Mais les religieux jugèrent cette chapelle insuffisante et entreprirent d'édifier une vaste église sur l'emplacement de quelques vieilles maisons leur appartenant et situées près de l'entrée de la Porte des Carmes.

La première pierre de la nouvelle église fut posée

le 28 mars 1714. La ville accorda une subvention de 1.500 livres pour les frais des premiers travaux. La générosité des catholiques vint largement en aide aux religieux. L'église ne fut achevée qu'en 1736. Comme l'ancienne chapelle, elle était sous le vocable de Saint Louis. Sa construction coûta plus de 38.000 livres. Deux inscriptions placées à l'entrée rappelaient la date de la construction et la libéralité de la ville. Sur la porte figuraient encore les armoiries de la ville et les noms des consuls de 1714. L'église est devenue aujourd'hui le Grand Temple.

En 1747, les Espagnols, qui se trouvaient dans notre région, prirent possession, de force, du couvent, de connivence avec le premier consul, malgré la résistance des religieux. Ils l'occupèrent pendant 22 mois, non sans commettre de grandes déprédations. A leur départ, les Dominicains reçurent une indemnité de 1.000 livres, bien insuffisante pour les dégâts commis.

Les Dominicains avaient fondé, en 1706, dans leur couvent, une congrégation du tiers-ordre pour les femmes et les hommes. Cette congrégation, très florissante, avait fait construire, à ses frais, une chapelle dans le jardin des religieux. Mais, en 1744, par suite d'un vif dissentiment entre le tiers-ordre des hommes et les Dominicains, cette congrégation se transforma en confrérie des Pénitents Blancs.

Ceux-ci durent abandonner leur chapelle moyennant une indemnité de 6.500 livres, payée par les religieux, et ils louèrent au Chapitre l'ancien réfectoire des chanoines qui avait servi quelque temps de cathédrale. Ce fut le siège de leur Confrérie jusqu'en 1790. Au siècle dernier, cette chapelle fut transformée en poissonnerie. Elle avait une façade sur la place Belle-Croix et l'autre sur la rue qui va de la Grand'Rue à la place du Chapitre et s'appelle encore rue de la Poissonnerie. Cet édifice a été complètement démoli lors de la construction de l'école de la place Belle-Croix qui en occupe l'emplacement.

Au XVIIIe siècle, le nouveau couvent était loin d'avoir la prospérité de l'ancien couvent de la Porte des Prêcheurs. En 1737, il ne comptait que 8 religieux, et 6 en 1756. En 1790, ils n'étaient encore que 6, plus un frère donat.

Le couvent des Dominicains était voisin de la maison et de la tour Froment, qui furent le théâtre d'une lutte acharnée pendant la triste journée historique du 14 juin 1790. La façade de l'église a conservé longtemps les traces d'écornures causées par les boulets des canons des assiégeants. Après le combat ceux-ci tournèrent leur fureur contre le Couvent. Les Prêcheurs faillirent subir le sort des capucins : ils purent s'évader à temps. Le couvent fut envahi et mis au pillage : la bibliothèque, les appartements et les caves furent ravagés. Un religieux seul fut grièvement blessé dans sa fuite.

Nous trouvons, dans un rapport en date du 2 juin 1791, l'estimation du couvent abandonné :

« Les bâtiments comprenaient : 1° Huit pièces modiques affermées à des particuliers 180 livres, d'une contenance de 26 cannes, 4 pans, ci...3.000 livres).

(La canne à Nimes, valait 1 m. 976 ; le pan 0.247).

« 2° Grande cour, avec la remise, la cour antique, les poulaillers et les cuves vinaires, d'une contenance de 162 cannes : ci.................. 3.500 livres.

« 3° Le monastère, d'une contenance tant en couvert qu'en découvert, de 13 cannes, ci 18.500 livres).

« 4° L'église avec ses dépendances consistant en sacristie, un vestibule et une cour à tombeaux, d'une contenance totale de 179 cannes et d'une valeur de loyer de 500 livres, ci............... 9.500 livres.

« Au milieu de la cour, très beau puits avec ferrures.

« Le couvent est accolé à un mur ancien. Les deux tours récemment abattues et dont les décombres encombrent les fossés, faisaient partie du couvent.

« L'église avait 8 chapelles.

« Estimation d'ensemble : 34.000 livres ».

En 1792, l'église fut affectée au culte protestant ; mais le temple fut fermé en 1794. L'édifice fut vendu au Consistoire, le 22 septembre 1803 et fut appelé le Grand Temple. L'église du grand couvent des Ursulines devint le Petit Temple.

De 1764 à 1803, l'église servit de dépôt pour les prisonniers de guerre, puis de magasin à fourrage.

Au cours du dernier siècle, des réparations importantes effectuées au Grand Temple, amenèrent la découverte de nombreuses sépultures.

Le Consistoire acquit, comme bien national, le terrain provenant des fossés, murs et tours de ronde de la ville, longeant au levant l'église des Dominicains, sur une surface de 35 mètres de longueur sur 3 m. 70 au midi, et 4 m. 45 au nord, soit

145 mètres à 4 francs, 580 francs. Sur cet emplacement réduit, le Consistoire avait créé quelques magasins d'un bon rapport. Ces immeubles ont été revendus récemment par le Consistoire.

En 1811, les bâtiments du couvent furent affectés à la gendarmerie ; mais ces locaux, longtemps abandonnés, étaient fort délabrés. Dès 1826, les autorités militaires demandèrent instamment, soit des réparations importantes, soit la construction d'une nouvelle caserne. En 1855, la construction d'une nouvelle caserne de gendarmerie fut décidée. Elle devait être attenante à l'hôtel de la Préfecture. Par suite de difficultés diverses, l'édification de cette caserne dura près de 15 ans. Enfin, les braves gendarmes purent, en 1869, prendre possession de la vaste et confortable caserne de la place Duguesclin.

Les vieux bâtiments des Jacobins furent mis en adjudication le 30 septembre 1872. Ils furent adjugés à M. Samuel Guérin pour la somme de 130.920 francs. La part du prix de cette vente fut pour le département de 91.932 francs et pour la ville de 38.387 fr.

Cette même année 1872, la municipalité fit prolonger la rue Nationale (alors rue de l'Agau) jusqu'à la place des Carmes.

Ce coin du vieux Nimes a ainsi pris, au siècle dernier, un nouvel aspect et la place des Carmes, comme la place du Château, ont été embellies par la façade d'un bel immeuble et d'un vaste passage couvert, malheureusement fort peu fréquenté.

CHAPITRE IV

Le Tableau de l'Assomption de Nicolas Mignard

L'attention des visiteurs du Musée du Vieux Nimes est curieusement attirée par le superbe tableau qui décore la cage d'escalier de notre ancien Evêché.

Ce tableau mesure 6 mètres environ de hauteur sur 3 mètres 70 de largeur. Cette toile remarquable, tant par la vigueur du coloris que par la correction du dessin, a été attribuée tantôt à Pierre Mignard, tantôt à Nicolas Mignard, son frère. M. de Lamothe se croit autorisé à l'attribuer positivement à Nicolas Mignard, dit l'Avignonnais (1606-1668).

En 1645, après la reconstruction de la cathédrale, le Chapitre, voulant orner le rétable, décida d'envoyer un délégué « en Avignon, à M. Mignard, pour faire ung desain et sçavoir ce qu'il voudra en faire payer, et à M. Le Vieux qui fait un autre desain et sçavoir le prix qu'il en voudra. »

Après de longs marchandages, Mignard obtint la commande. Il s'engagea à faire un tableau « un des plus beaux et rares quy se soient vus et de peinture fixe à double couche. » Le tableau coûta 1.600 livres. On fit un cadre digne du tableau et le Chapître le garantit de la poussière par de lourds rideaux.

L'œuvre de Mignard resta sur le grand autel de la cathédrale, jusqu'à la Révolution. A cette époque, elle fut enlevée de son cadre et servit de tapis à l'estrade sur laquelle trônait la déesse Raison. Elle ne semble pas avoir trop souffert de cette singulière destination, puisqu'elle fut remise en place à la restauration du Culte.

Des réparations urgentes effectuées à la Cathédrale, au début du XIXe siècle, obligèrent à retirer une seconde fois le tableau de la place qu'il occupait. La toile, roulée, fut déposée dans les combles de l'Evêché. Mgr Plantier l'y découvrit en assez mauvais état et la fit restaurer par M. Boucoiran, peintre nimois, élève de Sigalon, qui eut le mérite de la retoucher le moins possible, mais le tort de changer la forme du tombeau de la Vierge dessiné par Mignard.

Ce tableau fut alors placé temporairement dans l'escalier du palais épiscopal où il est resté. M. de Lamothe décrit ainsi cette œuvre : « Le sujet traité par le peintre est l'Assomption de la Vierge ; l'ordonnance en est à la fois une et double, la scène se passant en même temps sur la terre et au ciel.

» Dans la partie inférieure du tableau, des apôtres et des disciples forment un groupe harmonieux autour du tombeau vide que regardent les uns, tandis que les autres tournent les yeux vers la Mère du Christ s'élevant au-dessus de leur tête, au milieu d'une légion d'anges.

» Fortement conçue, et d'un coloris puissant, cette composition est remplie de réminiscences de diverses écoles italiennes ».

En terminant sa notice, M. de Lamothe fait mention « d'une très intéressante ébauche, ce que l'on appelait alors la « forme » même de ce tableau, dessinée au crayon rouge par Nicolas Mignard sur papier quadrillé et placée tout à côté de l'œuvre du peintre. Donnée par M. Barthélemy de Roquemaure à Mgr Plantier, cette esquisse, hardiment traitée et d'une netteté parfaite, permet de reconnaître les moindres retouches faites à l'œuvre primitive par M. Boucoiran et, en particulier, la très peu heureuse modification apportée dans la forme du tombeau, que Mignard avait fait en console et que le peintre moderne a métamorphosé en un cube disgracieux. »

Nous ignorons ce qu'est devenue cette intéressante esquisse, et il serait à désirer que des recherches sérieuses fussent faites pour la retrouver si possible.

CHAPITRE V

Fêtes données à Nimes à l'occasion de la naissance du duc de Bourgogne (1682)

Nous nous représentons difficilement l'éclat des fêtes officielles de jadis (et elles étaient nombreuses) qui avaient lieu dans notre ville.

Pour en donner une idée à nos contemporains, nous reproduisons ci-dessous un extrait du journal d'un Bourgeois de Nimes (1) relatant les fêtes extraordinaires données à l'occasion de la naissance du Duc de Bourgogne ; la naïveté du récit est charmante.

« Le mardi XXII septembre 1682, on fit le feu de joye environ vers les dix heures du soir, à l'Esplanade, pour la naissance de Mgr le Duc de Bourgogne, fils de Mgr le Dauphin. Toute la France a resté dans une joye si grande qu'on n'avait jamais vue tant de réjouissances et de feux de joye, et l'on a demeuré d'accord qu'en notre ville il s'y est fait plus qu'en autre ville de province.

---

(1) Le livre de raison du notaire Etienne Borrelly (1654-1717) publié dans les mémoires de l'Académie de Nimes, par M. le Docteur Puech, année 1885.

» Premièrement, depuis samedi XX courant ; tout le monde a commencé à se mettre sous les armes, le lendemain, dimanche, on fit la revue, les consuls ayant fait crier quelques jours auparavant que chacun eût à se préparer sous peine de l'amende. Ils envoièrent chercher à la maison de ville, où M. le président Rochemore estoit, tous les principaux Messieurs pour fére les capitaines, commandants, majors, lieutenants, enseignes et sergents et cella ayont été faist, on fit doncques la reveue, le dit jour, dimanche, lundy et mardy. Celle du mardy, jour, auquel on fit le feu de joye, fut la plus belle et la plus nombreuse : il falloit du reste qu'elle le fust parce que c'estoit le jour de la feste.

» Un nommé M. Petit (ancien officier) estoit commendent, marchand tout premier à la teste, et après luy six capitaines portant chacun une demi-picque bien luisante, tous bien couverts avec la plume au chapeau. Il y avait une compagnie de chaque mestier, chacune fort nombrense. La première était de marchands drapiers, vendans en gros, et la dernière c'éstoit les marchands de soye ; ainsi ces deux corps avaient l'avant-garde et l'arrière-garde. Il y avait la compagnie des marchands canabassiers (marchands de chanvre), des tailleurs, des cordonniers, des savetiers et grouliers, des tanneurs avec les gantiers et blanchiers, des droguistes, des ménagers, des teinturiers, des tondeurs, des portefaix, des hostes et cabaretiers, des passementiers, des taffettatiers, des massons, des jardiniers et autres. Les notaires et procureurs ne furent point appelés et j'ai appris que ces gens y estant, il pouvoit y avoir de l'embarras, à cause du pas (préséance),

» Tout le monde, suivant son estat, s'estoit picqué d'estre propre ; on ne voioit que des chapeaux neufs, à grand bort d'or et d'argent. Chaqne compagnie estoit assortie de mesme façon, surtout les marchands de soye où il y avait une compagnie de grenadiés chacun portant sa gibissière ou escarcelle de taffetas bleu avec une escharpe du mesme. On fait compte que les dits marchants de soye, taffetatés ou passementiés faisoient plus de huit cent hommes.

» Les tailleurs estoient fort propres, surtout les enseignes de chaque compagnie portant le chapeau où il y avait les armes du Roy, celles de Mgr le Dauphin, celles de Mgr le Duc de Bourgogne et celles de la profession de chacun. Tous les drapeaux estoient neufs. Les dits tailheurs estoient grenadiés blancs, avec gibissière de taffetas blanc. Les bandoulières et cargues de chaque compagnie estoient de mesme, chacun ayant pris telle couleur que bon lui a semblé ; aussi cella faisait une figure merveilleuse. Tous les teinturiers portoient un justaucorps bleu, avec un passement d'argent faux aux coutures et la plume bleue aussi. Ainsi de chaque mestier.

» La plupart des tambours de chaque compagnie avait un justaucorps de la livrée de la dite compagnie. Il y avait plus de soixante tambours, une vingtaine de trompetes, une quarantaine d'aubois, une quantité de fifres, flaiolets, musetes, violons, la plus grande bande de violons d'Avignon y estans.

» Marchoit devant le fils de M. Scipion du Roure avec trois quaisses de confitures portées sur des civières par des gens masqués ; quantité de massepains estant distribués par quatre messieurs masqués, vestus de taffetas blanc et bleu.

» On fit le compte qu'à cette dernière revue il y avait pour le moins 3000 hommes. Pour se ranger en bataille, ils sortirent de la porte Madeleine, passèrent devant l'hopital et de là marchèrent vers l'Esplanade et Luxembourg. Tous portoient des mousquets et fusils forts nets parce que depui longtemps chacun s'estoit préparé. Il y avait une compagnie de pertusaniés très belle et très propre.

» On passa à l'Evêché foisant la plus grande partie de leurs décharges, y aiant sur un charriot couvert de buis un tonneau de vin, une table au devant où il y avoit du jambon, bœuf à la dobe et quelque rot ou ceux qui vouloient manger et boire mangeoient et buvoient. »

Des fêtes à peu près pareilles avaient lieu en maintes circonstances, naissances des princes, fin de guerres, etc. Toutes ces fêtes étaient célébrées avec le même entrain.

CHAPITRE VI

Un Budget de la Ville de Nimes au XVIIIe Siècle

Comme type de budget de la Ville de Nimes au XVIIIe siècle, nous avons pris aux archives communales et départementales, celui de 1744 établi, d'après « le règlement des dépenses ordinaires de la communauté de Nismes, arrêté par la commission nommée en 1734, pour régler tout ce qui concerne l'administration des communautés ». L'état de dépenses nous fournit des indications curieuses sur les us et coutumes de l'époque.

Pour des raisons bien diverses, il est difficile de faire un rapprochement entre ce budget et nos budgets actuels. Nous devons noter que les dépenses les plus importantes concernant Nimes et ses environs figuraient aux comptes des Etats de Languedoc, qui se réunissaient chaque année pour établir le budget de la province.

Le total des dépenses de la ville, en y comprenant un état supplémentaire, s'élevait, pour l'année 1744, à 18.752 livres. Le chapitre des recettes porte un total de 45.511 livres.

Mais nous trouvons, d'autre part, qu'en 1764, 565.824 livres étaient hypothéquées sur les revenus de la ville.

Voici quelques articles de l'état des dépenses de 1744.

Une somme de six cents livres était attribuée aux quatre consuls, à raison de 150 livres pour chacun, pour leurs gages et livrées ;

Les gages de 4 valets des consuls et de 2 pertuisaniers étaient de 720 livres, à raison de 120 livres livres chacun ;

Une somme de 600 livres par année était affectée aux habits et manteaux des valets des consuls, qui étaient faits tous les trois ans ; les gages du trompette étaient de 120 livres.

Le greffier de la ville recevait, pour ses gages, la somme de 1.200 livres. Il était obligé de faire le rôle de la taille, fournir le papier timbré du dit rôle, du préambule du Compoix cabaliste, etc ; une somme de 150 livres était affectée pour le bois et les chandelles qui s'employaient à l'Hôtel de Ville pour l'année ;

Les huit portiers de la ville recevaient 100 livres chacun ; ils avaient, en outre, de modestes logements près des portes ;

Deux commis, préposés « pour veiller sur les bouchers, et à l'Archimbelle pour empêcher les faux poids », recevaient 100 livres chacun ;

Les régents du Collège des Jésuites recevaient six cents livres ; en outre, une somme de cent livres était affectée pour « les promotions des escoliers » (distribution des prix).

Nous trouvons encore les affectations suivantes : 12 livres pour la visite des vignes, lors des vendanges ; 70 livres à celui qui fait sonner l'horloge de la ville ; 40 livres pour l'entretien de la dite horloge, etc.

La somme de six cents livres, affectée au traitement des consuls, n'était nullement exagérée, vu l'importance de leur charge. Il y a lieu, en effet, d'envisager la grande responsabilité qu'ils encouraient pendant une longue période de troubles, ainsi que les mille soucis de la vie municipale. La peste faisait de fréquentes apparitions dans la région, et la préservation de la ville était une de leurs plus constantes préoccupations. Les magistrats consulaires n'étaient pas, comme aujourd'hui, sous la tutelle immédiate de l'Etat ; la responsabilité de la tranquillité publique et de l'administration locale leur incombait entièrement.

De plus, en consultant les curieux registres de nos archives, intitulés : « Cérémonial des Consuls », nous constatons que ces magistrats assistaient obligatoirement, et toujours en corps, à un grand nombre de cérémonies religieuses, processions, réceptions de généraux d'Ordres ; ils devaient encore figurer aux cortèges des personnages importants du royaume qui s'arrêtaient dans Nimes, régler eux-mêmes toutes les dépenses sur les fonds publics. Aux entrées solennelles de ces personnages, aux cérémonies de la proclamation de la paix, les consuls montaient à cheval ; généralement, les premier et deuxième consuls, appartenant à la bourgeoisie, possédaient des montures. Les chevaux des autres consuls et de l'escorte étaient loués pour chaque cérémonie. La commune conservait dans ses remises de riches harnais.

Les costumes des consuls étaient somptueux et en conformité avec l'importance de leurs fonctions. Ils se composaient de larges robes de damas cramoisi, à plis amples par devant, et petits par derrière, avec de grandes manches ; le collet renversé orné de rubans; une fraise autour du cou et une toque de velours noir sur la tête. Dans les circonstances importantes, les consuls portaient le chaperon, sorte de coiffure qui avait un bourrelet sur le haut et une queue pendante sur l'épaule. Le chaperon était en soie ou en velours et chargé de broderies, parfois de pierreries.

Les consuls portaient, en outre, l'épée. Ils siégeaient dans la salle consulaire sous un dais placé sur une estrade. Nos consuls portèrent la robe rouge depuis le Moyen-Age jusqu'à la Révolution. Nous trouvons une délibération du Conseil de Ville du 26 novembre 1564, qui décide que, à l'occasion du passage à Nimes de Charles IX, les consuls doivent avoir « robes de fin rouge de Paris, doublée de velours noir ».

Les valets de ville, trompettes et pertuisaniers, étaient également habillés de rouge. Nous trouvons dans les comptes de l'année 1498 l'achat « d'une canne de drap rouge pour faire la livrée des quatre trompettes de la ville ».

En 1782, la ville fit l'acquisition d'une trompette d'argent pour annoncer la naissance du Dauphin. Précédemment, en plusieurs circonstances, le Conseil de ville avait fait l'acquisition de trompettes d'argent avec glands d'argent.

II

L'Archimbelle. — Le Collège des Jésuites

Dans l'énumération de quelques dépenses de la ville, nous voyons figurer une somme de cent livres, affectée au traitement de deux commis préposés « pour veiller sur les bouchers, et à l'Archimbelle, pour empêcher les faux poids ».

Si l'expression populaire « *faire guiraù* », employée par nos ménagères, est relativement récente, il est certain que la fraude sur les poids et mesures a été pratiquée de tout temps par les vendeurs de denrées peu scrupuleux. La répression de ces fraudes fut organisée par nos Consuls dès le XVIIe siècle. Nous trouvons, à la suite de l'état des dépenses ordinaires de la ville de 1744, la note suivante, au sujet de l'Archimbelle :

» Le soin de veiller sur la fourniture de la viande de boucherie regarde, à la vérité, messieurs les officiers de police. Mais il n'est pas de leurs fonctions de faire peser la viande que l'on distribue aux habitants sur les étaux destinés à cet usage.

» Lors du règlement de 1676, on trouva qu'il était nécessaire d'établir un commis qui fût chargé de peser la viande, lorsque les habitants se plaindraient du faux poids que font ceux qui sont préposés par les fermiers pour la distribuer.

» Le bureau de ce commis fut appelé « Archimbelle » et fut placé à portée de l'étal où l'on distibue la viande (place du Marché).

» La ville s'étant agrandie considérablement depuis ce temps-là, il a fallu multiplier les étaux pour la commodité du public et, conséquemment, les commis à l'Archimbelle. C'est pour cette raison qu'on enjoingt deux autres à celui qui était établi anciennement, savoir : un pour l'Archimbelle de la boucherie, et un autre pour la poissonnerie ».

Le sonneur de l'horloge de la ville recevait 70 livres, et, pour cette modeste somme, il était assujetti à sonner la cloche : « 1° Le matin, à 10 heures, heure avant laquelle les revendeurs, hosteliers et traiteurs ne peuvent pas rentrer au marché ; « 2° à neuf heures et demie du soir pour la retraite des habitants ; 3° toutes les fois qu'un incendie se déclare ».

Le collège de la ville, alors dirigé par les Jésuites qui recevaient une allocation de six cent livres, était d'origine très ancienne et subit mille vicissitudes durant sa longue existence. On conserve aux archives départementales des statuts datant de 1582, relatifs à sa réorganisation.

En 1634, une singulière répartition des chaires est établie ; la moitié est attribuée à des professeurs de « la religion prétendue réformée » ; l'autre moitié aux Jésuites, avec la direction de l'évêque Cohon.

Quelques années plus tard, les Jésuites eurent, seuls, l'administration du Collège. Ces religieux avaient des revenus importants. Ils possédaient les prieurés de Parignargues, de St-André-de-Majencoules, etc. L'évêque Cohon leur venait largement en aide. Protégés par Louis XIV, ils reçurent de ce souverain les sommes nécessaires pour la construction de leur église et des bâtiments du Collège ; la ville leur fournit aussi d'importantes subventions.

L'église des Jésuites fut terminée en 1678. Les bâtiments, tels que nous les voyons aujourd'hui, furent commencés en 1672 et ne furent complètement terminés qu'en 1743.

Les Jésuites ne jouirent pas longtemps de ces beaux bâtiments, Le 1er juin 1762, le Parlement de Paris, à la suite de la suppression de l'ordre, ordonna la fermeture des quatre-vingt-quatre collèges que les Jésuites dirigeaient en France.

A son tour, le Parlement de Toulouse rendit un arrêt de condamnation, le 7 juin de la même année, par 41 voix contre 39. Cet arrêt fut signifié, dès le 18 juin 1762, au maire et aux Consuls de la ville de Nimes ; le collège fut immédiatement fermé et les écoliers dispersés.

Avec le concours de Séguier, de longues négociations eurent lieu avec les Bénédictins de Saint-Maur pour la reconstitution du Collège. Ces négociations n'ayant pas abouti, les Doctrinaires acceptèrent, le 17 décembre 1764, la direction du Collège qu'ils durent quitter le 4 juin 1791.

Pendant la période révolutionaire, la chapelle du Collège servait de réunion à la Société populaire, et le reste des bâtiments était partagé entre l'administration centrale et l'administration communale.

Le Collège de Nimes fut rétabli, sous le nom de Lycée, par décret du 7 mai 1803, rendu sur la demande du Conseil municipal.

CHAPITRE VII

Les Etats Généraux de Languedoc à Nimes, en 1714.

Fêtes données par la Noblesse.

Avant de donner l'historique de la réunion des Etats de Languedoc à Nimes en 1714, nous croyons devoir reproduire quelques renseignements sur la composition de cette assemblée, tirés de l'*Histoire du Languedoc*, de dom Vaissette.

L'Assemblée des Etats était d'abord composée de trois archevêques et de vingt-et-un évêques; tels étaient les représentants inamovibles du clergé. La noblesse avait un nombre égal de membres dans ces comices provinciaux; les députés des 24 diocèses, et ceux des villes épiscopales, composaient l'ordre du tiers état. Ce tiers disposait d'autant de voix que les deux autres réunis.

Les prélats pouvaient se faire représenter par des vicaires généraux, les barons par des gentilshommes. Les députés ne pouvaient avoir de suppléants.

L'archevêque de Narbonne était le président perpétuel des Etats. En son absence, la présidence était dévolue à l'archevêque de Toulouse, et en l'absence de celui-ci, à l'archevêque d'Albi. Si ces trois archevêques n'assistaient pas à la session, l'évêque le plus anciennement sacré devait présider.

La session des Etats généraux de la Province avait lieu chaque année, mais il ne pouvait se réunir qu'en vertu d'une ordonnance du roi.

» L'assemblée des Etats, dit dom Vaissette, offrait un aspect à la fois simple et majestueux. Des bancs étaient élevés dans la salle, et en garnissaient les trois faces principales. Au milieu d'une d'elles, sur une estrade, paraissait un fauteuil richement décoré et surmonté d'un dais assorti d'un dossier de velours bleu garni de broderies et de franges d'or. C'était le siège de l'archevêque de Narbonne, président-né des Etats. Les évêques étaient assis à sa droite, les barons à sa gauche. Les vicaires et les suppléants, ou envoyés des barons, siégeaient immédiatement après les prélats et les barons présents.

» Au-dessous des trois bancs que nous venons d'indiquer, il en régnait trois autres élevés de deux pieds. C'était là que se plaçaient les députés de toutes les villes épiscopales, à l'exception des cinq premières, dont les députés avaient un banc à dossier qui fermait le carré.

» Au bas du fauteuil du président, une grande table, couverte d'un tapis de velours bleu brodé en or, aux armes de la Province, était destinée aux officiers des Etats ; les greffiers et le trésorier avaient cette table devant eux ; les syndics généraux s'assayaient aux deux bouts.»

Les Etats de Languedoc furent convoqués à Nimes en 1714, par lettres patentes de Louis XIV, datées du 6 septembre. Nous reproduisons, à titre documentaire, le texte de ces lettres patentes. Il est à remarquer que le texte des convocations des Etats conserve la même forme protocolaire depuis le XVIe siècle jusqu'en 1789 (lettres patentes aux archives communales). Le Roi convoquait les Etats de 1714 en ces termes :

« De par le Roy,

» Chers et bien amez, ayant ordonné la convocation d'assemblée des Etats de notre province de Languedoc pour l'année présente en notre ville de Nismes, au XXV• jour octobre prochain et à cette fin nous expédions nos citations et commissions requises et nécessaires. Nous avons bien voulu donner avis par celles-ci à vous que vous ayez à vous y trouver pour y ouïr les remontrances et propositions qui y seront faites par nos Députés et sur icelles nous donner la satisfaction que nous nous sommes toujours promis de votre fidélité et dévotion au bien de nos affaires et repos de notre royaume, ainsi qu'avez ci-devant fait en bons et loyaux sujets, sans n'y faire faute, car tel est notre plaisir.

» Donné à Fontainebleau ce même jeudi six septembre 1714. Signé : LOUIS. »

La première séance eut lieu comme les suivantes, dans la salle d'audience du Palais du Présidial, au jour fixé.

Le procès-verbal de cette première réunion indique ainsi les personnages qui composaient l'assemblée (1) :

» Ont assisté en personne aux Etats, par ordre de l'Eglise :

» Mgr l'archevêque Primat de Narbonne, président-né des Etats ; Mgr l'Archevêque de Toulouse; Mgr l'Archevêque d'Albi ; les évêques d'Uzès, de

(1) Archives départementales. Série C.

Carcassonne, de Lodève, de Nimes, d'Alais, de Saint-Pons et de Lavaur ; les sieurs vicaires généraux de Saint-Papoul et du Puy ;

» Pour l'ordre de la noblesse : M. le vicomte de Polignac, messieurs les barons de Castelnau, d'Estrette-Fons, de Caulus, de Villeneuve, de Rieux, de la Fare, de Tornac, de Castelnau, de Bonnafous, de Chambonas, de Ganges, de Murviel, et de Lanta ;

» Les sieurs envoyés d'Alais, du tour du Vivarais, du tour de Gévaudan, de Castres, de Florensac, de Barjac, de la Gardiole, d'Arques et de Clermont ;

» Et pour le tiers-état : les sieurs capitouls de Toulouse, les sieurs consuls de Montpellier, et les sieurs maires et députés des villes et diocèses de Carcassonne, Narbonne, Le Puy, Béziers, Nimes, Agde ; les syndics de Vivarais et de Gévaudan ».

Le célèbre traitant Samuel Bernard, qui était devenu un personnage important grâce aux services financiers rendus à Louis XIV, demanda vainement de faire partie de l'assemblée. Cet affront fait à son protégé fut particulièrement sensible au grand roi. Le compte rendu relate en ces termes la première réunion :

« L'an 1714 et le jendi XXVe du mois d'octobre, à 10 heures du matin, dans la grande salle des audiences du Palais de la ville de Nimes, les gens des trois Etats de la Province de Languedoc étant assemblés par mandement du Roy, est venu très haut et très puissant seigneur Monseigneur Gaston-Jean-Baptiste-Antoine duc de Roquelaure, lieutenant général des Armées du Roy, commandant en chef en la dite Province, assisté de haut et puissant seigneur Messire Jean-Baptiste-Francois Desmarets, marquis de Maillebois, colonel du régiment Touraine-infanterie, brigadier des armées du Roy, maistre de la garde-robe de Sa Majesté et son lieutenant général en la dite province de Languedoc, de Messire Nicolas de Lamoignon de Bâville, conseiller d'Etat ordinaire, intendant de justice, police et finances en la dite province, et de Messieurs de Massauve et de Calvet, trésoriers de France en généralités de Montpellier et Toulouse, tous commissaires députés par Sa Majesté.

» Mgr de Roquelaure a présenté à Mgr l'archevêque de Narbonne la lettre close du Roy adressée aux Etats.

» Delaquelle lettre ayant été fait lecture par le sieur Pierre-François Guillemet, secrétaire et greffier des Etats, et des commissions de Messieurs les Commissaires présidents pour le Roy par le sieur Pierre Touzard faisant pour le sieur Daniel Pujol, secrétaire et greffier pour Sa Majesté aux Etats.

» Mgr le duc de Roquelaure a fait un discours. Après lui, prirent la parole M. de Bâville et Mgr l'archevêque de Narbonne.

» Et cela fait, MM. les Commissaires du Roy sont sortis et Mgr l'archevêque de Toulouse ayant pris la place de président, Mgr l'archevêque d'Albi l'a remercié d'avoir si bien représenté les intérêts de la Province, et le zèle de tous ceux qui composent l'assemblée pour le service de Sa Majesté ; et ensuite les Etats sont allés en corps à la chapelle du Palais où Messieurs les Commissaires du Roy s'étaient rendus. Tous ensemble ont ouï la messe du Saint-Esprit. »

Le dimanche suivant eurent lieu, à la cathédrale, en grande pompe, les cérémonies religieuses d'usage pour l'ouverture des Etats.

La réunion du 25 n'avait été qu'une séance de congratulations réciproques.

Le lundi 29 eut lieu la première séance de travail, sous la présidence de l'Archevêque de Narbonne.

Le compte rendu continue ainsi :

» Mgr le Duc de Roquelaure et Messieurs les autres commissaires du Roy estant venus à l'assemblée ont été reçus par les sindics généraux à la porte de la rue, par les sieurs députés du premier banc et les consuls du Roy dans la cour du Palais, et par Messieurs de la Noblesse à la porte du vestibule en dedans, d'où estant entrés et ayant pris place dans l'assemblée, ils ont demandé aux Etats de la part du Roy un don gratuit (1) de trois millions de livres et un million pour la capitation (2) de l'année prochaine 1715, sauf à déduire les taxes particulières qui ont esté affranchies.

» Sur quoy, Mgr l'Archevêque de Toulouse, président, en l'absence de Mgr l'Archevêque de Narbonne, a représenté à MM. les Commissaires du Roy que cette province, épuisée par les grandes sommes qu'elle fournit à Sa Majesté, est encore appauvrie par les saisons fâcheuses qui détruisent les récoltes, que néanmoins l'assemblée ne manquera

---

(1). Le don gratuit ou du gratuit était une taxe volontaire que s'imposaient les Etats pour les besoins du royaume.

(2). La capitation était une taxe par tête. Aujourd'hui deux impositions correspondent à la capitation : la contribution personnelle et mobilière et la taxe ou prestations des chemins vicinaux.

pas de délibérer incessamment sur les propositions qu'ils venaient de leur faire, et de faire savoir sa résolution. Après quoy MM. les commissaires du Roy estant sortis, ils ont esté conduits de la même manière qu'ils avaient été reçus et de plus par Messieurs de l'Eglise, jus qu'à la porte de la salle des Etats en dedans, et Messieurs les députés à leur retour ayant repris leurs places, Mgr l'Archevêque d'Albi a remercié au nom de l'assemblée, Mgr l'Archevêque de Toulouse, président, d'avoir représenté avec tant de zèle l'état malheureux où la province se trouve réduite ».

A la séance du 31 octobre, la question du don gratuit vint en délibération. En renouvelant la proposition, l'archevêque de Narbonne, président, dit « qu'il est persuadé que l'assemblée se portera d'autant plus volontiers à donner dans cette occasion les marques accoutumées de son zèle, qu'elle est présentement assurée de jouir bientôt des fruits de la soumission aux ordres du Roi, par la conclusion d'une paix (1) qu'elle a si longtemps désirée, et mon dit Seigneur le Président ayant fait appeler les voix :

» Les Etats délibérant sur la demande qui leur a été faite de la part du Roy, d'un don gratuit de trois millions de livres, ont accordé libéralement et gratuitement à Sa Majesté, sans conséquence, la somme de trois millions de livres, laquelle sera payée aux termes ordinaires des impositions ».

En compensation, les Etats imposèrent certaines réserves et dégrèvements, comme le logement des

(1) Paix d'Utrecht.

gens de guerre dans la Province, qui était une lourde charge pour les villes.

En outre, une somme de cent mille livres était réservée « ès-mains du trésorier de la Bourse sans pouvoir s'en désaisir, à peine de payer deux fois ».

La somme de un million de capitation fut également votée avec d'autres réserves.

De même que nos assemblées parlementaires, les Etats comprenaient un certain nombre de commissions chargées de l'étude des affaires qui leur étaient soumises. L'énumération de ces commissions donnera une idée des multiples questions à résoudre et de l'étendue des subventions à accorder.

Les Commissions nommées par les Etats de 1714 étaient : « celles des finances, des affaires extraordinaires, affaire de la capitation et dixième, dépenses des fourrages, ustensiles et autres concernant les troupes qui sont dans la Province ; règlement des affaires que la Province a avec M. de Pennautier ; pour l'examen de l'estat des travaux publics ; pour examiner l'estat des manufactures de la Province ; pour les affaires de la juridiction contentieuse ; pour vérifier le département des impositions qui ont été faites par les assiettes des diocèses, l'année précédente; pour dresser le cayer qui doit être présenté au Roy l'année prochaine ; pour régler la ligne de l'étape ; pour examiner l'état des haras de la Province ; pour ouïr et arrester les comptes du trésorier de la Bourse et autres officiers du pays ; pour arrester le compte de la fourniture par étapes faite aux recrues qui ont passé la Province ».

Le roi écrivit en ces termes au Duc de Roquelaure pour remercier les Etats du vote du don gratuit :

« Mon Cousin, j'ai lu avec beaucoup de plaisir le compte que vous me rendés du concours de tous les députés des Etats de ma province de Languedoc à me donner des nouvelles preuves de leur zèle pour le bien de mon service en m'accordant unanimement les sommes que vous leur avés demandées de ma part : mon intention est que vous leur témoignés le gré que je leur en fay et que vous soyez bien persuadés que je suis très content de vous et de vos services, priant Dieu qu'il vous ait, mon cousin, en sa sainte et digne garde.

» A Marly, le 6 novembre 1714. Signé : Louis. »

Dès les premières réunions, il y eut conflit entre les consuls de Montpellier et ceux de Nimes, à propos de préséance.

« Le sieur Véros, premier consul de Nimes, dit le compte rendu, et Despierre, son assesseur, ont prié l'assemblée de leur permettre de renouveler leurs protestations contre les consuls de Montpellier, prétendant que c'est eux, consuls de Nismes, à les précéder comme chefs de la sénéchaussée, et les consuls de Montpellier ayant protesté, au contraire, l'assemblée a octroyé acte de leur protestation et délibéré que le registre en demeurera chargé ». Singulière façon de trancher une question délicate.

Nous détâchons des procès-verbaux des séances des Etats (archives départementales, série C), les décisions les plus intéressantes :

Le roi demanda et obtint le crédit de la Province,

pour un emprunt de dix millions quatre cent mille livres. Il dut amortir cette somme et les intérêts en donnant, chaque année, jusqu'à l'extinction de la dette une somme de deux cent mille livres.

Une somme de 220.518 livres fut allouée pour soldes des mortes-payes et leurs officiers. (Les mortes-payes étaient les soldats ordinaires et perpétuels entretenus en temps de paix et en temps de guerre) ; 193.182 livres pour les garnisons des places ; 12.000 livres pour réparations aux places frontières ; 99.000 livres pour les appointements des gouverneurs, lieutenant-généraux et autres personnes de la Province (1) ; 25.570 livres pour l'entretien des gardes du gouverneur, frais de commis et contrôleurs de guerre ; 19.500 livres pour les prévots. (Les prévots de la maréchaussée étaient des officiers préposés à la police des grands chemins). Le chapitre des gratifications était très élevé.

Des sommes importantes furent destinées à l'entretien et au désensablement du port de Cette, pour la jetée allant à Frontignan, pour le canal des étangs et pour les graus d'Agde et de La Nouvelle, ainsi que pour la construction et l'entretien des chemins de la Province.

Une école d'hydrographie fut établie par l'assemblée dans chacune des villes de Cette et d'Agde.

---

(1) On peut trouver bien modérée cette somme affectée au traitement des nombreux personnages chargés de l'administration d'une province aussi importante que celle de Languedoc. Mais il convient d'observer que, chaque année, les Etats votaient, en sus des traitements, de larges gratifications à tout le personnel du gouvernement de la province, depuis le gouverneur jusqu'au plus humble greffier.

Les Etats de 1685 avaient voté l'érection d'une statue de Louis XIV et avaient affecté pour cette dépense une somme de 90.000 livres. L'exécution de cette œuvre avait été confiée à deux sculpteurs parisiens : Utrelle et Mazeline (ce dernier sculpteur était mort en 1708). Le roi avait exigé que cette statue serait érigée à Montpellier parce que les Etats se réunissaient le plus souvent dans cette ville. La statue était terminée depuis longtemps, mais l'agitation du royaume n'avait pas permis de la transporter dans la Province, ces dernières années. L'assemblée de 1714 approuva la décision du roi et vota la prochaine érection du monument. Mais la statue ne fut dressée sur le Peyrou qu'au cours de l'année 1718. Bien postérieurement, en 1733, la promenade fut aménagée telle qu'elle est aujourd'hui et une grille entoura le monument.

L'assemblée décida encore que deux médailles d'or, de 500 livres chacune, seraient accordées aux auteurs de deux inscriptions, l'une latine, l'autre française, devant figurer sur le piédestal de la statue.

La statue d'Utrelle et de Mazeline fut détruite pendant la Révolution. Celle qui orne aujourd'hui la promenade du Peyrou date de 1838. Elle est due à Debay, sculpteur né en 1779, mort en 1863.

A chacune de leurs réunions, les Etats faisaient frapper des jetons en mémoire de leurs travaux.

Dans son intéressante brochure sur les jetons des Etats généraux de Languedoc, M. Bonnet s'exprime ainsi au sujet des jetons frappés en 1714 (1) :

(1) Les *Etats du Languedoc*, par M. Bonnet, Montpellier, 1910.

« Les Etats de Languedoc, toujours plus disposés à se réjouir des traités de paix que des victoires du grand roi, qui leur coûtaient si cher, consacrèrent les jetons de 1714 à témoigner leur satisfaction de l'heureuse issue des conférences d'Utrecht ».

Le jeton est ainsi décrit : « Sur le droit de ce jeton, l'effigie de Louis XIV avec la légende ordinaire et l'exergue : « *Comitia occitania*, 1714 ».

Au revers, une couronne formée de deux rameaux d'olivier renferme les mots : « *Pace inita*, 1713 », dont le sens est complété par la légende extérieure : « *Cum Ang., Bat., Sab., Pruss. et Luzit* (la paix conclue en 1713 avec l'Angleterre, la Hollande, la Savoie, la Prusse et le Portugal). »

Le Musée du Vieux-Nimes possède une fort belle gravure représentant une séance des Etats de 1714. Les « Messieurs des Etats » figurent exactement dans l'ordre de préséance que nous avons indiqué d'après dom Vaissette. Une légende détaillée, avec numéros d'ordre, donne l'énumération des principaux personnages.

Après avoir voté toutes les lourdes charges qui leur étaient demandées, les Etats firent la déclaration suivante : « Bien que cette province soit accablée par les grandes impositions qu'elle a fait volontairement pour le service de Sa Majesté, et qu'elle se trouve affaiblie par la stérilité des récoltes qui la réduisent dans l'impuissance, néanmoins, pour témoigner qu'elle a beaucoup plus de passion pour le service de Sa Majesté que pour son propre soulagement, les gens des Etats ont libéralement octroyé et accordé, octroyent et accordent au Roy, leur souverain, prince et seigneur, pour l'année 1715 seulement, et sans censéquences, les susdites sommes et consentent qu'elles soient imposées sur la dite province pour la dite année, pour être remises ès mains de ceux qui en doivent faire le maniement ».

Voici le compte rendu de la deuxième séance de clôture :

« Les musiciens estant rentrés ont chanté le *Te Deum*, après lequel, Mgr le Président a donné la bénédiction. Et incontinent les gens des trois Etats sont allés en corps et par ordre, les officiers du pays à leur tête, chez Mgr le duc de Roquelaure, logé dans la maison de M. le président de Montclus, et en approchant, ils ont trouvé dans la rue une compagnie d'infanterie sous les armes, en haye, les officiers estant en tête, la pique à la main, et ensuite la compagnie des gardes de M. le duc de Roquelaure sous les armes, depuis la porte de la rue jusque en haut dans la salle ; Mgr de Roquelaure et MM. les autres commissaires du Roy sont venus avec leurs habits de cérémonie recevoir les Etats au bas de l'escalier, dans la cour. Mgr le duc de Roquelaure estant à l'entrée du vestibule, vers la porte de la rue, et en cet endroit ils ont laissé passer les trois ordres d'Etat sans les diviser, leur donnant la main droite et sont venus les joindre dans l'antichambre, sous le daix, où Mgr l'archevêque de Toulouse leur a présenté l'octroy par un discours digne de l'occasion et du lieu auquel Mgr le duc de Roquelaure a répondu en termes agréables à l'assemblée des Etats. Après quoi le seigneur de Mariotte, secrétaire et greffier des Etats, a fait la lecture de la délibération de l'octroy qui l'a donné à Mgr l'archevêque de Toulouse, qui l'a remise à Mgr le duc de Roquelaure, et cela fait, les gens des trois ordres sont sortis en défilant par (?) les sieurs députés du Tiers-Etat (sans doute les députés du Tiers-Etat en tête), et Mgr le duc de Roquelaure et messieurs les autres commissaires du Roy les ont accompagnés jusqu'au milieu du vestibule qui est près de la porte de la rue ».

Tous ces menus détails, extraits des procès-verbaux des séances, où il n'est question que de préséance et d'étiquette, fournissent un tableau curieux et bien exact des mœurs et des coutumes de cette époque de notre histoire.

Publication de la Paix
Fêtes données par la Noblesse

Sur l'ordre du Roy, des réjouissances publiques eurent lieu dans toute la France, à la fin de 1714, pour célébrer la conclusion de la paix définitive avec l'empereur d'Allemagne. Ces fêtes eurent lieu à Nimes le 2 décembre, et, coïncidant avec la présence des Etats dans la ville, elles eurent un éclat tout particulier.

Réunis à l'hôtel de ville, à neuf heures du matin, les consuls et leurs assesseurs, le juge mage, les membres et huissiers du Présidial, la maréchaussée et valets de ville montèrent tous à cheval pour procéder à la publication de la paix.

En premier lieu marchaient les archers et la maréchaussée, l'épée à la main, précédés des trompettes et suivis des huissiers du Présidial. Venait ensuite le juge mage en robe et bonnet, entre le premier et le deuxième consul en robes rouges et chaperons, puis les troisième et quatrième consuls et les assesseurs en robes noires.

La première publication fut faite devant l'hôtel de ville et la lecture des ordres du roi fut faite par les greffiers de l'hôtel de ville. Les autres publications eurent lieu devant la maison où logeait le duc de Roquelaure, devant celle du marquis de Maillebois, celle de M. de Bâville, celle de M. de Sandricourt, gouverneur de la ville, celle de l'évêque, puis aux autres endroits accoutumés : à la place de la Cathédrale, place Belle-Croix, au milieu du Cours, au carrefour Saint-Véran, place du Marché au blé et à la Salamandre.

A deux heures eut lieu à la cathédrale un *Te Deum* solennel, présidé par l'évêque. A cette cérémonie assistaient le maire, les consuls et les assesseurs en robe, ainsi que les membres des Etats.

Sur les six heures du soir, le maire, les consuls et assesseurs accompagnèrent le duc de Roquelaure, le juge mage à l'Esplanade où eut lieu un feu de joie. Tous ces personnages, ayant en main un flambeau de cire blanche, firent trois le tour du bûcher et y mirent le feu aux acclamations de la foule criant : « Vive le Roi ! » et au bruit du canon du fort.

Les rues de la ville étaient illuminées par une grande quantité de chandelles.

Après le feu de joie, le duc de Roquelaure donna un grand souper aux dames de la ville et aux étrangères, aux membres des Etats et aux notabilités de la ville, Les invités étaient plus de deux cents. A l'issue du repas, le duc donna un bal superbe qui dura toute la nuit.

Deux jours après, le marquis de Maillebois offrit une magnifique fête : son hôtel était brillamment illuminé. On donna la représentation d'une pastorale ou idylle, suivant le goût du jour. Les acteurs et actrices étaient pour la plupart du corps de la noblesse des Etats. La représentation fut suivie d'un souper par petites tables.

Mme de Maillebois ouvrit ensuite le bal avec le duc de Roquelaure ; le bal dura jusqu'au jour, « Pendant le bal, dit le chroniqueur, il y avait des rafraîchissements à prendre dans une chambre destinée à cet usage, de toutes sortes de viandes, vins et liqueurs. »

Enfin eut lieu une troisième fête, plus somptueuse encore que les autres, et donnée par les Etats.

Nous en reproduisons une description extraite d'une chronique du temps :

« Le dimanche suivant, Messieurs de la noblesse ou barons des états ont cru témoigner, en leur particulier, la joye qu'ils ont de cette paix si désirée ; ils ont, à cet effet, prié Messieurs les Consuls de leur prêter la grande salle de cet hostel de ville pour faire à leur tour une fête digne d'eux.

» La salle était magnifiquement meublée de belles tapisseries et d'une espèce d'amphithéâtre tout autour pour les spectateurs. Il y avait un grand théâtre dans le fond, du côté de la cheminée où estoit placé l'orquestre pour la simphonie.

» Sur les quatre heures après midy, on a fait l'ouverture de la feste par la répétition de l'idille ou pastorale qui avoit esté représentée chez M. de Maillebois, qui a duré jusqu'à sept heures du soir.

» Après quoy, tout le monde est sorti jusques à dix heures du soir qu'on est rentré dans la même salle, où le bal a commencé, tout composé de personnes masquées, personne ne pouvant y rentrer sans avoir le masque sur le visage, M. le duc de Roquelaure mesme estant rentré dans cet équipage.

» La danse a continué toute la nuit et n'a finye qu'au jour.

» Pendant le bal, il y a eu toutes sortes de rafraîchissements, de viandes, de fruits, de confitures, vins et liqueurs, dans une autre salle qui est attenante, tout le monde ayant été très satisfait de la magnificence de cette feste et du zèle de Messieurs de la noblesse dans cette occasion. » (*Cérémonial des consuls*, archives communales.

En 1731 eut lieu la dernière réunion des Etats du Languedoc à Nimes. Toutes les autres réunions se tinrent à Montpellier. La dernière eut lieu dans cette ville en février 1789.

CHAPITRE VIII

Un d'Artagnan gouverneur de Nimes en 1719.

Les nombreux lecteurs des *Trois Mousquetaires*, de Dumas apprendront sans doute avec quelque intérêt que Nimes eut, au XVIIIe siècle, un d'Artagnan comme gouverneur.

Ce d'Artagnan n'est pas le héros du célèbre roman de Dumas, mais paraît être son cousin germain, d'après la généalogie de la famille Montesquiou-Fezensac, publiée en 1784, et d'après certains rapprochements de dates.

Joseph de Montesquiou, comte d'Artagnan, seigneur de Gensac, Barbachin et Masons, fut nommé gouverneur de Nimes en mars 1719.

Il était né à Artagnan, localité située près de Vic-en-Bigorre, et fut baptisé dans l'église Saint-Nazaire, du dit village, le 19 mars 1651. Au début de sa carrière militaire, nous trouvons le comte d'Artagnan assistant au siège de Maëstricht, où il se signala (1673) ; il avait le grade d'enseigne des gardes françaises. Après avoir passé par les grades subalternes, il obtint une compagnie dans le même régiment, d'où le roi le tira en 1685 et lui donna le grade de cornette dans la première compagnie de ses mousquetaires. L'accession à un grade dans la première compagnie des mousquetaires du roi était alors une faveur exceptionnelle réservée aux courtisans. Aussi, nous trouvons, peu après, d'Artagnan brigadier d'armée, puis maréchal-de-camp le 6 janvier 1696, et lieutenant-général le 23 décembre 1702. Il commanda ensuite les troupes de Provence de 1708 à 1710. Sa nomination comme gouverneur de Nimes, en 1719, fut le couronnement de sa longue carrière militaire. Il servit pendant 56 années et s'était trouvé à tous les sièges que le roi Louis XIV fit en Hollande, à seize autres sièges, à neuf combats et à trois batailles. En dernier lieu, il avait été nommé chevalier de l'Ordre du Saint-Esprit ; c'était l'ordre le plus célèbre de l'ancienne monarchie et ne comprenait que cent membres pour la France.

Ce gouverneur de Nimes semble avoir fort peu résidé dans notre ville. Ménard ne parle de lui que pour indiquer sa nomination, en 1719, et son remplacement, en 1722, par Charles de Rohan, prince de Montauban, lieutenant-général des armées du roi.

Le comte d'Artagnan avait succédé, dans le gouvernement de la ville et de la citadelle de Nimes, à N. de la Vierne, qui n'occupa cette situation que quelques mois. De la Vierne avait remplacé de Sandricourt, qui fut gouverneur de Nimes de 1690 à 1718 et joua un rôle historique dans les annales de notre cité.

Nous ne trouvons, dans nos archives communales, qu'une seule pièce concernant le comte d'Artagnan : c'est une lettre de ce gouverneur, adressée aux Consuls, à la date d'avril 1920, par laquelle il annonçait son intention de venir passer le prochain hiver à Nimes. Comme l'indemnité de logement affectée aux gouverneurs n'était que de 500 livres, d'Artagnan demandait que cette indemnité fût élevée à la somme de 1.000 livres, à cause, disait-il, de l'augmentation des loyers (déjà !). Par délibération du Conseil de Ville du 17 mai 1720, l'indemnité demandée fut accordée. Nous ne trouvons pas dans nos archives d'autre trace de son passage à Nimes.

Joseph de Montesquiou, comte d'Artagnan, mourut en 1729.

A propos de ce d'Artagnan, nous ne croyons guère pouvoir nous dispenser de parler du héros des *Trois Mousquetaires*, dont l'existence semble devoir rester problématique. On sait que Dumas a brodé cette prestigieuse histoire des *Trois Mousquetaires*, d'après une publication intitulée : *Mémoires de M. d'Artagnan*, capitaine-lieutenant à la première compagnie des mousquetaires du Roy, contenant quantité de choses particulières et secrètes qui se sont passées sous le règne de Louis-le-Grand », mémoires imprimés à Cologne, en 1700, et formant trois volumes très compacts in-12. L'ouvrage fut publié par un sieur Gatien des Courtils de Cendras, qui serait , croit-on, lui-même l'auteur des mémoires. D'ailleurs, des Courtils prévient le lecteur, dans sa préface, qu'il n'est pas certain que d'Artagnan appartienne à la famille dont il a pris le nom.

Quoi qu'il en soit, l'opinion généralement adoptée est que le héros de Dumas appartient bien à une branche de la famille des Montesquiou ; il s'appelait Charles de Baatz de Castelmore et, pour se distinguer de son frère, prit le titre de comte d'Artaignan, ou d'Artagnan, du nom de sa mère. Ce personnage naquit en 1611 ou 1612. Tous les détails historiques de son existence correspondent assez exactement aux mémoires de des Courtils. Ce d'Artagnan ne joua aucun rôle sous Richelieu, mais Mazarin, qui avait remarqué sa finesse, l'employa à diverses missions secrètes et l'envoya en Angleterre. Il fut célèbre par ses duels et ses aventures galantes. Son courage était légendaire : il se distingua dans de nombreux combats et fut nommé maréchal-de-camp en 1672. Il fut tué à ce même siège de Maëstricht où son cousin, le gouverneur de Nimes, avait accompli ses premiers exploits.

La vie de ce d'Artagnan, écrite sans amplifications romanesques, comme celles des Mémoires de des Courtils et de l'histoire des *Trois Mousquetaires*, mériterait d'être publiée et mise ainsi en parallèle avec la légende créée par Alexandre Dumas.

CHAPITRE IX

Foires et Marchés de Nimes.

L'origine de nos foires est des plus lointaines. La plus ancienne paraît être celle qui avait lieu, dès le IXe ou Xe siècle, sur les dépendances du monastère de Saint-Baudile, le 20 mai, fête patronale du saint martyr. Cette foire était d'un important revenu pour le couvent, car l'affluence des pèlerins, qui faisaient des affaires tout en satisfaisant leur dévotion, était considérable. Le culte du saint était d'ailleurs très populaire.

Nous trouvons une charte du 2 mars 1145, qui nous apprend que Nimes jouissait à cette époque de deux foires : la première, à la fête de St-Martin, qui durait huit jours, et l'autre, à la fête de N.-D. d'août, dont on ne dit pas la durée.

Par lettres patentes de février 1391, dont l'original est conservé aux Archives municipales, Charles VI établissait une foire au jour de la fête de St-Michel ; cette foire devait durer quatre jours.

Ensuite l'ancienne foire de Notre-Dame d'août fut fixée au jour de St-Roch, par lettres patentes d'Henri IV datées du mois d'août 1594.

Une autre foire avait lieu le jeudi après Pâques.

Nous croyons intéressant de reproduire une délibération du Conseil ordinaire de la Ville, en date du 11 août 1595, fixant « le règlement des lieux et places à tenir les foires ». Cette nomenclature un peu longue nous donne une idée du nombre de commerçants qui se rendaient dans nos murs à l'occasion de ces foires importantes :

« Draperies, laines, fils de laine, se tiendront de la Grand'Rue, depuis la rue Malestrenne jusqu'à la Maison de Ville (1).

» Quincaillerie, depuis la place de la Calade jusqu'à la maison Bourges ;

» Chaudronniers, ferretiers et claustriers, depuis la maison Bourges jusqu'à la Belle-Croix ;

» Curetiers et cordonniers en icelle place jusqu'à la porte des Carmes ;

» Merciers, depuis le Puits de la Curaterie jusqu'à la maison de M. de la Cassagne, au coin du Chapitre ;

» Canabasserie (commerce du chanvre), revendeurs et autres marchandises venant de Marseille, depuis icelle maison et coin du Chapitre, jusqu'au bas cours du Collège, et entrée de la rue de la Daurade (rue Dorée) ;

» Pour l'épisserie et droguerie, depuis l'entrée de la dite rue jusqu'à la maison de M. de Cabrières ;

» Pour les chapeliers et bordeurs (brodeurs), d'icelle maison de Cabrières jusqu'à la sortie d'icelle rue Daurade et à la rue de la Trésorerie ;

» Pour la menuizerie et charpenterie de bois, la place du Collège au devant de M. Chrétien, jusqu'à la maison de M. de Malmont ;

---

(1) Il s'agit, non pas de la Grand'Rue actuelle, mais de la partie de la rue de l'Aspic qui commençait à la rue Malestrenne, au plan de l'Aspic, et aboutissait à la Maison de Ville adossée à la tour de l'Horloge et aujourd'hui disparue.

» Pour les tonneaux, cercles, tinets, amarines (?) et tout bois servant à la vaisselle vinaire, la place de la Salamandre jusqu'à la porte de la Couronne ;

» Pour les serruriers, espaziers (armuriers), potiers d'étain, à la rue de M. de Clausonne, jusqu'à la trésorerie (mairie actuelle) ;

» Pour les orfèvres, au-dessous de l'arc de la Trésorerie ;

» Pour les oignons, aulx, chastanhes (châtaignes) et tous autres fruits, au plan du Château, dans la Ville ;

» Pour le bétail menu, brebis, moutons et chièvres, hors la porte de la Couronne ;

» Pour les pourceaux, hors la porte St-Antoine (naturellement; facétie de nos ancêtres ou bien simple coïncidence ?).

Trois foires furent ressuscitées au siècle dernier, et fixées aux mêmes dates que les anciennes.

La première fut fixée, par décret du 17 mars 1844, au 14 mai ; la deuxième, par décret du 6 janvier 1807, au 16 août ; enfin, la troisième, par décrets du 6 janvier 1807 et 7 août 1836, au 29 septembre.

Cette dernière foire a seule survécu, mais a perdu beaucoup de son importance.

CHAPITRE X

Le jour de l'an à Nimes au XVIIIᵉ Siècle. Cérémonie de l'installation des Consuls.

La ville de Nimes présentait, au jour de l'an, à cette époque lointaine des XVIIᵉ et XVIIIᵉ siècles, dans son étroite enceinte, une grande animation, car on procédait, ce jour-là, solennellement, à l'installation des nouveaux consuls nommés par les diverses échelles, quelques jours auparavant.

Nous trouvons dans le « Cérémonial des Consuls », et dans d'autres documents, d'intéressants détails sur cette intronisation qui se prolongeait durant la journée entière du premier de l'an, et la journée suivante.

Donc, le premier jour de l'année, dès huit heures du matin, les anciens consuls se rendaient, en chaperon, au domicile particulier de chacun des nouveaux consuls, où se trouvaient aussi les assesseurs et conseillers politiques de chaque échelle. Tous allaient, ensuite, à l'Hôtel de Ville. Les consuls en charge revêtaient leurs robes et leurs chaperons et se dirigeaient, avec un nombreux et brillant cortège, précédé de fifres et de trompettes, vers la place de la Cathédrale : chaque consul avait à sa droite le consul qui devait le remplacer. Arrivés sur la place, les anciens et nouveaux consuls, ainsi que leur suite, se rangeaient sur des bancs recouverts de velours cramoisi, disposés en face la cathédrale. La foule des curieux était maintenue à distance par les pertuisaniers.

Un avocat au présidial, désigné par les consuls en charge, faisait alors un long discours, en français, sur les origines du consulat et sur les droits et devoirs des consuls. Le « cérémonial » indique spécialement que le discours devait être prononcé en français, car la plupart les harangues solennelles étaient prononcées en latin, par un avocat ou un professeur du Collège, qui recevait annuellement de la Ville des émoluments pour cette fonction.

Aussitôt après, les consuls nouvellement désignés, suivant « l'ancien droit et privilesge de notre ville », prêtaient serment sur les Saints Evangiles, entre les mains du premier consul en exercice, de s'acquitter exactement de leurs charges et fonctions du consulat. Tel était l'usage dans tout le royaume.

Au nombre des pièces les plus intéressantes, les archives de la Ville d'Arles possèdent un très ancien livre des Evangiles, sur lequel les consuls de cette ville prêtaient le serment traditionnel. Les pages du milieu sont fortement maculées et conservent les empreintes digitales des consuls et autres personnages qui avaient apposé leurs mains sur le saint livre.

On pourrait peut-être retrouver le livre des Evangiles à l'usage des consuls nimois, soit dans nos archives départementales ou communales, soit dans la bibliothèque municipale. Ce serait là un fort curieux document à conserver dans les collections de notre Musée du Vieux-Nimes.

Après la prestation de serment, les anciens consuls quittaient leurs robes et chaperons, et les nouveaux revêtaient les insignes de leur dignité. Le peuple, assemblé sur la place, était alors admis à présenter ses félicitations aux élus.

Les nouveaux élus, accompagnés des anciens consuls, de leurs assessseurs et des conseillers politiques, commençaient ensuite une longue série de visites qu'ils continuaient le lendemain.

Le premier personnage visité était le gouverneur de la ville, harangué, en français, par l'avocat chargé de cet office. De là, le cortège se rendait à l'évêché, et l'évêque était encore harangué par le même orateur. Les consuls visitaient ensuite le juge-mage et lieutenant général de la sénéchaussée et présidial, ou, en son absence, le lieutenant criminel ou autre chef du présidial. Nouvelle harangue de l'avocat, prononcée, cette fois, en latin et à laquelle il était répondu également en latin.

Après ces visites avait lieu, à la cathédrale, une grand'messe solennelle, à laquelle assistaient, au banc consulaire les nouveaux consuls et l'avocat harangueur. Un prédicateur montait en chaire à l'issue de la cérémonie et complimentait les nouveaux élus.

Le cortège reprenait ensuite le chemin de l'Hôtel de Ville, et les consuls, ayant quitté leurs robes et chaperons, recevaient de nouvelles félicitations du peuple.

Dans l'après-midi, les anciens consuls et les secrétaires de la ville allaient visiter les nouveaux consuls dans leurs maisons ; ceux-ci, en chaperons, rendaient aussitôt leurs visites à leurs prédécesseurs.

Le lendemain, nouvelles visites des nouveaux consuls, au gouverneur, à l'évêque, au juge-mage, au lieutenant criminel, au lieutenant principal, au lieutenant particulier, au lieutenant général d'épée, au lieutenant lays, au chevalier d'honneur, au doyen des conseillers du présidial.

Les Consuls devaient aller encore, en qualité de fondateurs du Collège, rendre visite au Père Recteur des Jésuites. Ils recommandaient à ces religieux le bon ordre «et leur offraient leurs soins pour la prospérité de l'établissement ».

Enfin, en qualité de recteurs et administrateurs de l'Hôtel-Dieu, les consuls allaient voir les Dames religieuses hospitalières « pour les prier de continuer leurs soins pour les pauvres malades et leur marquer leur zèle à les bien secourir ». C'était là leur dernière visite.

Quelques mots d'explication sur les titres des divers personnages visités par les consuls ne nous paraissent pas inutiles, plusieurs de ces titres étant complètement tombés dans l'oubli, comme ceux de : lieutenants généraux d'épée, lieutenants lays, chevaliers d'honneur.

Après s'être rendus en premier lieu chez le gouverneur de la ville et chez l'évêque, les consuls visitaient les principaux magistrats et officiers royaux du Présidial.

Le premier magistrat était le juge-mage, lieutenant du sénéchal, qui remplissait les fonctions de président du Présidial. Après lui venait le lieutenant criminel, magistrat qui instruisait les procès criminels. Le lieutenant général d'épée n'était qu'un emploi honorifique ; il avait rang après le lieutenant criminel.

Le lieutenant clerc général ou principal jugeait toutes les affaires qui demandaient une prompte solution, sur un rapport, qu'on appelait référé. Le lieutenant particulier suppléait le lieutenant principal. Le lieutenant lays, ou de robe courte suppléait le lieutenant criminel. Il était appelé de robe courte parce qu'il siégeait l'épée au côté. Les chevaliers d'honneur n'appartenaient guère au Présidial qu'à titre purement honorifique. Ils n'étaient appelés à siéger que dans de rares circonstances. Leur costume était de velours noir, veste d'or, chapeau à plumes blanches, et ils portaient l'épée.

En 1789, la sénéchaussée se composait de M. de Monteynard, sénéchal ; d'Augier, juge-mage ; Fajon, lieutenant criminel ; Ricard, lieutenant principal ; Chabrol, lieutenant particulier ; de Daunant, lieutenant du sénéchal d'épée, et de treize conseillers.

CHAPITRE XI

Démolition des Remparts (1787). Projets d'embellissement de la Ville. Plan Raymond.

I

La ville de Nimes fut certainement, jusqu'au XIXe siècle, l'une des villes les plus insalubres du Languedoc. Les Etats de la province avaient cessé de siéger dans notre ville, de 1637 à 1686, précisément à cause de cette insalubrité ; ils n'y revinrent que sur un ordre formel du roi.

Le canal de l'Agau (recouvert il y a seulement cinquante ans), l'égout à découvert de la Grand'Rue (supprimé en 1744), les Cauquières ou Calquières (tanneries), situées entre la porte des Carmes et la porte de la Couronne, les fossés de la ville, étaient autant de foyers d'infection. Aussi les invasions de la peste furent-elles fréquentes et occasionnèrent-elles de cruels ravages dans la population.

Ce n'est guère que vers 1774 que les Consuls se préoccupèrent sérieusement d'améliorer cette triste situation sanitaire. A dater de cette année, nous trouvons dans les archives départementales et communales de nombreux mémoires adressés à l'Intendant du Languedoc par les Consuls et les habitants de Nimes, pour obtenir, comme première mesure d'assainissement, la démolition des vieux remparts et le comblement des fossés.

Nous détachons de l'un de ces mémoires un passage qui donne une idée exacte de l'insalubrité de la ville à cette époque :

« Les remparts, dit l'auteur du mémoire, sont entourés d'un fossé large et profond qui reçoit en partie les eaux de la Fontaine et qui est presque à sec pendant neuf mois de l'année. C'est alors que la vase qui y a été entraînée par la crue des eaux, en donnant naissance à un essaim d'insectes, exhale des vapeurs qui corrompent l'air et procurent, dans les grandes chaleurs, des maladies toujours dangereuses.

« Cette vase pestilentielle est entretenue et humectée par les eaux sales qui se rassemblent dans les rues et coulent dans les fossés. La hauteur même des remparts contribue également à la corruption de l'air dans l'intérieur de la ville. Elle est percée d'une quantité de rues étroites, qui n'ont point d'issues, parce qu'elles aboutissent aux remparts ; on les nomme vulgairement « culs-de-sac ». Ces rues sont toujours humides et sales, soit parce que le soleil ne peut y pénétrer, soit parce que l'air, dont les remparts empêchent la circulation, s'y trouve comme renfermé. Ce défaut de circulation occasionne la corruption ; de là les accès de fièvre, et d'autres maladies plus fâcheuses, qui affligent les habitants, principalement dans l'été où la chaleur augmente la corruption ». (Arch départ., série C., 178).

Les consuls entreprirent de longues et fastidieuses démarches pour obtenir du roi l'autorisation de démolir les remparts et de combler les fossés. Le Conseil de ville délibéra pour la première fois sur cette question le 1er octobre 1774, d'après un rapport présenté par M. de Meude. Rouvière a produit cet intéressant document dans ses « Mercredis révolutionnaires ». Cette affaire revint maintes fois en délibération les années suivantes. Les négociations commencèrent en 1775 et ne se terminèrent qu'au 31 octobre 1786, date de l'autorisation définitive accordée par l'intendant de Languedoc de démolir les vieux remparts.

Voici quelques détails sur les tribulations de la municipalité. Les Consuls écrivirent d'abord à Maréchal, alors à Montpellier, le 12 novembre 1776. Maréchal répondit que l'autorisation de démolir les remparts dépendait directement du ministère de la guerre. Ce département suscita mille difficultés. Le 21 février 1786, seulement, M. de Chaussegros, directeur du génie, fut envoyé à Nimes pour étudier la question sur place.

L'administration de la guerre prétendait que les murs d'enceinte étaient nécessaires à la défense de la ville. Le délégué constata, de visu, que ces vieux murs branlants n'avaient aucune utilité et devaient disparaître.

De leur côté, certains habitants, lésés dans leurs intérêts, protestèrent énergiquement contre les projets des consuls et leurs réclamations furent reçues par la mairie.

Enfin, la question de propriété des remparts et

des fossés fut soulevée par l'Etat. A qui appartenaient en réalité les remparts et les fossés ? Etait-ce à l'Etat ou à la ville ? Un grand nombre de mémoires manuscrits ou imprimés, furent écrits sur ce sujet. Plusieurs sont conservés dans nos archives municipales ; le plus important est celui de Pacotte. Tous ces mémoires s'accordent pour faire remonter la propriété de la ville à l'année 1194. Des lettres patentes postérieures, confirmant cette propriété attribuée à la ville par Raymond, vicomte de Toulouse, furent reproduites et annexées aux mémoires. Ces protestations furent prises en considération et la question fut tranchée provisoirement en faveur de la ville. Elle revint sur l'eau en 1872, lors de la vente de l'ancien couvent des Dominicains, bâti en partie sur l'emplacement du Château, des remparts et des fossés. Comme transaction, le prix de vente, soit 130.930 francs fut réparti entre le département, qui toucha 91.932 francs, et la ville, qui toucha seulement 38.387 francs. Nous avons signalé cette particularité dans notre chronique consacrée au couvent des Dominicains.

La question de propriété ayant été aplanie au profit de la ville, restait celle de la dépense à effectuer. Les finances de la Province, comme celles de la ville, étaient dans un triste état à la fin du XVIIIe siècle. Mais la ville fit valoir que la vente des matériaux de démolition des remparts compenserait en grande partie la dépense, et cet argument prévalut. Durant ces longs pourparlers, la ville demanda l'intervention en sa faveur de plusieurs hauts personnages. Deux principalement, semblent avoir joué un rôle prépondérant : M. de St-Priest, intendant de Languedoc, et Mgr de Balore, évêque de Nimes. Nous avons eu déjà l'occasion de relever tout l'intérêt que porta ce prélat à la ville, pendant son court épiscopat, dans de nombreuses circonstances. On sait, notamment, qu'il voulut installer l'Académie de Nimes dans les bâtiments du couvent des Augustins, la Maison-Carrée devant servir de salle des séances, et qu'il fit dresser des plans de canalisations des eaux de la Fontaine à travers la ville : ce canal devait s'appeler le canal Balore. La révolution en empêcha la réalisation.

Balore, dans une lettre adressée de Paris aux consuls, le 24 août 1780, raconte son intervention auprès du roi pour le faire renoncer à la propriété des murs d'enceinte. Nous trouvons encore une lettre de l'évêque, adressée aux consuls, le 30 novembre 1786, les félicitant de la décision de l'intendant, prise en leur faveur en autorisant la démolition des remparts; il ajoutait : « Le grand intérêt que la ville me paraît avoir d'accélérer l'exécution d'ouvrages si importants, et pour sa salubrité, et pour la libre communication avec ses faubourgs, m'en fait prendre un grand, moi-même, à tous les moïens que la sagesse lui suggèrera, pour jouir plus promptement de si grands avantages et d'y appliquer tout de suite les fonds qu'elle a en caisse ». (Archives communales, série O. O.)

Le Conseil d'Etat autorisa enfin définitivement la démolition des remparts, ainsi que les projets d'embellissements de la ville, par un arrêt daté de Versailles, le 5 septembre 1786, arrêt contresigné par le roi à la même date.

Les premiers travaux commencèrent en 1787, par la démolition de la partie de l'enceinte, depuis la maison Bonnafoux (près la porte de la Couronne), jusqu'à la tour Vinatière. Cette tour était située à l'angle de la place actuelle des Arènes, en face l'hôtel de l'Univers. Il fut ensuite procédé à la démolition de la partie des remparts depuis la tour Vinatière jusqu'aux maisons de la porte Saint-Antoine.

D'après un état fourni par Bancal, géomètre, chargé des travaux, les dépenses s'élevèrent à la somme de 6.349 livres 15 sols. La vente des matériaux produisit seulement la somme de 1.259 livres. Les autres démolitions se succédèrent peu à peu.

Le Musée du Vieux-Nimes possède une fort belle aquarelle, datant de 1784, aujourd'hui fort rare, représentant le quartier de la Maison-Carrée entouré des murailles vétustes. Cette vue nous donne une très intéressante perpective d'un côté de la ville à la fin du XVIIIe siècle.

II

En étudiant notre histoire régionale, on est surpris de constater que les historiens locaux ne font aucune mention de l'état d'effervescence dans lequel se trouvait la population nimoise pendant les dernières années qui précédèrent la Révolution. En 1786, la situation était vraiment critique. Nimes subissait alors une cruelle crise de chômage. L'industrie de la soie, extrêmement importante dans notre région, et qui faisait vivre un grand nombre d'ouvriers, se trouvait dans le marasme le plus complet. Vincent Saint-Laurent, dans la *Topographie du Gard*, donne d'intéressants détails sur le rôle considérable de cette industrie dans Nimes ; elle faisait vivre une bonne partie de la population ouvrière. La conséquence fut un commencement de révolte, triste signe avant-coureur des sanglantes tragédies révolutionnaires. Nous avons trouvé dans nos archives communales l'original d'un placard manuscrit, affiché, en 1787, sur les murs de l'Hôtel de Ville. Il indique l'esprit de surexcitation des ouvriers et mérite d'être reproduit comme le premier spécimen d'appel à l'émeute ; nous en avons respecté le style et l'orthographe rudimentaire. Voici la teneur de ce curieux document :

« Avis à Monseigneur l'Intendant du Languedoc : Le 30 juillet 1787 a été asblée (assemblée) un grand nombre de tafetatié et faiseur de bas pour se révolté contre lé marcand (marchands) et contre la police, et contre toute la justice. Si on ne fait pas donné de louvrage, il pourrez se faire qu'on maitte le feu à la ville. Il arrivera comme à Lyon parce que les messieurs de la police ne veule faire donner de l'ouvrage et nous sommes à la dernière de misère.

« Nous ne savons pas comme donner du pain à nos enfants. Ainsi, Messieurs, nous vous prions de vouloir bien faire attention à ce billet, car autrement nous alons agir en conséquence ».

L'intendant Ballainvilliers et les consuls s'étaient déjà préoccupés de cette triste situation. Ils décidèrent d'employer les ouvriers sans travail à la démolition des remparts, au comblement des fossés et à divers travaux de terrassement. Le gouvernement était tenu au courant de cette fermentation des esprits, et le ministre de Villedeuil écrivait à Ballainvilliers, le 15 août 1787 : « J'ai reçu, Monsieur, la la lettre que vous m'avez fait l'honneur de m'écrire au sujet de la fermentation qui règne à Nimes, parmi les ouvriers que les fabricants ne peuvent plus occuper par le défaut de la récolte des soies. Vous m'aviez fait déjà part de vos allarmes et je vois qu'elles n'étaient que trop fondées. Mais vous me rassurez sur les suites en m'annonçant que vous retournez dans cette ville pour y faire commencer la démolition des murs et les autres ouvrages ordonnés par les arrêtés du Conseil. Je vous ai marqué par ma lettre du trois de ce mois que j'approuvais la résolution que vous aviez prise d'y employer les ouvriers qui manquent d'ouvrage. J'espère que ce moyen aura produit l'effet que vous en attendiez et je vous prie de m'informer si le succès a répondu à votre attente. »

Villedeuil a toujours l'attention portée sur les évènements de Nimes, et il écrit de nouveau à Ballainvillers, le 17 août : « Je vois, Monsieur, par les détails que vous me donnez depuis votre arrivée à Nismes, que vous avez pris, de concert avec le conseil municipal et le commerce, les mesures nécessaires pour rétablir la tranquillité dans cette ville et que M. l'évêque de Nismes (Balore) y a concouru efficacement par des charités faites à propos, mais que vous craignez de nouveaux embarras pour l'hiver dans le cas où les fabriques de soie ne reprendraient pas leur activité.

« Sur le compte que j'ai rendu au Roi du zèle que vous avez montré dans cette occasion, ainsi que le Prélat et les principaux administrateurs, Sa Majesté m'a chargé de vous témoigner sa satisfaction. Vous avez bien fait d'ouvrir un atelier pour employer les ouvriers qui manquent d'ouvrage, à la démolition des murs et autres travaux de la ville. Je suis persuadé que ce moyen, qui peut se prolonger même pendant l'hiver, préviendra de nouveaux troubles », etc.

La démolition des remparts et le projet d'embellisement de la ville avaient été confiés à Jean-Armand Raymond, architecte réputé. Raymond était né à Toulouse, en 1742 : il mourut à Paris, en 1811. Il remporta, en 1766, le prix de Rome pour l'architecture et partit ensuite pour l'Italie où il étudia les chefs-d'œuvre de l'Antiquité et de la Renaissance. En 1775, il revint à Paris, puis séjourna alternativement à Toulouse et à Montpellier. Il exécuta d'importants travaux dans cette dernière ville et dans d'autres villes du Languedoc. Il fut chargé, en 1806, avec l'architecte Chalgrin, de dresser le plan de l'arc-de-triomphe de l'Etoile. Mais Raymond fut bientôt évincé et Chalgrin resta seul chargé d'exécuter le projet qui subit mille vicissitudes.

Raymond avait été nommé architecte de la province de Languedoc, par délibération des Etats, en l'année 1788. Il avait été chargé des embellissements de Nimes dès 1783. Nous trouvons, dans un rapport présenté au Conseil de Ville, à cette époque, les données générales du vaste projet imposé à Raymond.

« Les avantages que les habitants de Nimes, dit le rapporteur, doivent retirer de la démolition des murs, consistent principalement à unir ensemble l'ancienne ville et les faubourgs par des promenades agréables et continues, ce qui formera des boulevards semblables à ceux de la capitale, à procurer des avenues commodes. des issues multipliées, des places spacieuses, de nouveaux marchés, et surtout à rendre l'air plus pur et plus salubre en couvrant les fossés par des voûtes suffisantes pour contenir toutes les eaux qui doivent s'y réunir. »

Raymond présenta plusieurs projets répondant aux idées grandioses du Conseil de Ville. Ces projets furent l'objet de nombreuses critiques de la part de l'Intendant et des Consuls, et revinrent en délibération, au Conseil de Ville, un grand nombre de fois.

Le projet définitif fut adopté en 1786. La Bibliothèque municipale possède un exemplaire du projet, daté du 20 août 1785, et portant approbation du premier consul-maire Martin et de l'intendant Saint-Priest. Il a pour titre : « Plan des nouvelles promenades, cours plantés d'arbres, places publiques et rues projettées sur le terrain occupé par les fossés, tours et murs qui forment le contour extérieur de la ville de Nismes. »

Raymond voulait supprimer purement et simplement notre esplanade, sur l'emplacement de laquelle auraient été élevées de superbes constructions. Cette vieille promenade aurait été remplacée par une nouvelle esplanade qui devait être créée sur l'emplacement occupé aujourd'hui par la gare des voyageurs. Le projet des embellissements de la ville avait été ainsi exposé au Conseil de Ville : « M. Raymond propose le projet d'une esplanade ou place royale, dans la même position que l'ancienne, d'une forme qui renferme les avantages qui manquent dans celle qui existe.

« L'esplanade proposée présente une forme circulaire, divisée par neufs avenues, savoir : trois cours plantés d'arbres, et six rues larges et commodes qui se lient à différents quartiers anciens dans la ville, dont la forme est actuellement vague et se perd dans l'irrégularité des jardins.

« La direction de ces différentes rues se réunira en un seul point où sera placée une statue équestre du roy, soit en marbre, soit en bronze, au pied de laquelle sera une grande fontaine. Cette esplanade terminera la ville ; la circonférence sera occupée par dix isles de maisons simétriques et par des corps quarrés de bâtiments liés avec des cours plantés en arbres. C'est le point de vue qu'offrira la ville de Nismes aux voyageurs en venant de Montpellier, de Paris ou de Provence », etc.

Les protestations contre la suppression de l'Esplanade furent nombreuses. Ce fut d'abord l'état-major qui protesta énergiquement, prétendant que l'esplanade appartenait à l'Etat ; la promenade servait alors de Champ de Mars. La municipalité prouva assez facilement que la plupart des terrains ayant successivement formé l'esplanade avaient été achetés par la ville à diverses époques.

Beaucoup de Nimois voyaient avec regret la suppression de leur promenade favorite, très fréquentée aux soirées d'été. Phéline, architecte de la ville, peut-être déçu de n'avoir pas été chargé du plan d'agrandissement de la cité, présenta de nombreuses critiques du projet Raymond, et particulièrement sur la disparition de l'esplanade.

Mgr de Balore, qui approuvait le plan de Raymond dans tous ses détails, raille agréablement Phéline, dans une lettre adressée à l'Intendant : « Quand il s'agit de la décoration d'une grande ville dit le, Prélat, il (Phéline) a plutôt des principes un peu trop parcimonieux ; aïant peu vu, n'étant pas sorti de Nimes, il tient aussi à de vieilles habitudes, ne connaît rien de plus beau que l'esplanade, et regarde comme un crime de songer à y bâtir un rang même de beaux édifices. »

III

Voici quelles étaient les diverses dispositions du plan Raymond :

La nouvelle esplanade, projetée par Raymond et dénommée « place Royale », devait être entourée de beaux édifices, avec des arcades sur tout le pourtour; le centre était orné d'une fontaine monumentale dominée par la statue de Louis XVI.

De la place Royale partaient trois larges avenues conduisant à la ville ancienne ; ces avenues devaient être plantées d'une double rangée d'arbres. La première, appelée « avenue d'Artois », aboutissait à l'hôpital Ruffi; la deuxième « avenue de la Reine », aboutissait aux Arènes ; la troisième, « avenue de

Monsieur »,aboutissait devant l'église des Capucins. On voit encore, sur le plan, deux larges rues parallèles aux avenues et portant les noms, l'une de Vergennes, l'autre de Miromesnil, deux ministres de l'époque.

La place créée devant l'hôpital, à l'issue de l'avenue d'Artois, portait le nom de « Pierre de Bernis», en souvenir du cardinal, alors ambassadeur à Rome.

Le boulevard du Palais était dénommé « cours de Brienne ».

A l'extrémité de ce cours, en face la porte de la Couronne, à l'angle de l'Esplanade situé vis-à-vis l'hôtel actuel du Luxembourg et la rue de la Couronne, Raymond avait prévu la construction d'une vaste salle de spectacle. La façade de ce théâtre devait donner sur une place, dénommée « Saint-Priest », qui aurait été située entre le café Tortoni et le square de la Couronne. Cette façade aurait fait un lointain vis-à-vis avec les casernes, car, à la suite de la place Saint-Priest, se succédaient, en droite ligne, la rue Saint-Priest et la rue de Périgord, qui ont formé plus tard le boulevard des Calquières, aujourd'hui boulevard Amiral-Courbet : le boulevard des Calquières fut créé et planté d'arbres en 1793.

Entre le couvent des Dominicains et celui des Carmes se trouvait la place de Périgord.

Derrière le théâtre, on voyait une petite place nommée place de la Comédie. C'est tout ce qui restait de l'ancienne Esplanade. En effet, sur toute la surface de la vieille promenade nimoise s'élevaient de vastes constructions traversées par les rues Euterpe, Melpomène, Thalie aboutissant à la place de la Comédie.

Les casernes d'infanterie devaient être dégagées de l'amas de masures qui l'entouraient et devant la façade s'étendait une vaste place nommée place de Biron.

Le Grand-Cours et le Petit-Cours ne recevaient aucune modification. L'actuelle place Saint-Charles devait être « le grand Marché », divisé en deux places d'inégale grandeur, l'une, place Saint-Jean ; l'autre, place de Rohan.

Sur l'emplacement actuel du square Antonin, Raymond avait projeté une large place circulaire, dite place Balore, avec, au centre, un lavoir et un abreuvoir. Cette partie du projet ne fut pas plus exécutée que les autres : la future place Balore se réduisit à une place exiguë occupée par un lavoir et un abreuvoir qui subsistèrent jusqu'en 1870 : cette place portait le nom de place de l'Abreuvoir.

Le nom de Balore fut donné, en 1824, à une place située sous la citadelle ; c'est aujourd'hui la place de la Révolution.

Suivant la ligne des anciens remparts se développait un long boulevard partant du quai de la Fontaine et aboutissant aux Arènes. La première partie, jusqu'à l'église des Récollets, qui était située sur l'emplacement du café de l'Univers, était dénommée « boulevard Balore » ; la deuxième partie « cours de Ballainvilliers », et la troisième partie « cours de Calonne ».

Devant les Arènes et en face le café actuel de la Bourse s'étendait « la place de Calonne ».

Dans son plan, Raymond avait encore prévu la construction d'un château-d'eau et de bains publics sur les terrains vacants situés au-dessous de la Citadelle.

Nous relevons encore sur ce plan une large rue, « rue de Dillon », partant de la place Saint-Priest et aboutissant à une vaste place, « place de Dillon », qui aurait été située sur l'emplacement actuel du plan Vacher. Après l'abandon du projet Raymond, le percement de cette rue fut maintenu comme indispensable à la communication du chemin de Montpellier avec les chemins de Beaucaire et d'Avignon : cette rue devait s'appeler « rue Raymond ». Ce n'est qu'en 1855 que le Conseil municipal renonça définitivement à la création de cette voie, qui aurait été cependant d'une utilité incontestable.

Comme nous l'avons dit, les évènements de 1789 arrêtèrent l'exécution des projets de Raymond. Seuls furent créés par cet architecte : un lavoir et un abreuvoir sur la place occupée aujourd'hui par le square Antonin et un autre lavoir situé au milieu de la place des Cévennes (aujourd'hui place d'Assas), dont l'emplacement avait été pris récemment sur le jardin des Récollets.

Raymond reçut de la ville, en 1786, la somme de six mille livres pour ses divers plans d'embellissement de la cité, et celle de trois mille six cents livres en 1788, pour la construction des lavoirs.

IV

Les noms des personnages de l'époque qui devaient être attribués aux avenues et aux rues du plan Raymond avaient été désignés par le Conseil de Ville, suivant une délibération du 20 août 1785. Le souvenir de la plupart de ces personnages, aujourd'hui bien oubliés, mérite d'être brièvement rappelé.

On sait que Monsieur et le comte d'Artois étaient les frères de Louis XVI, qui régnèrent successivement sous les noms de Louis XVIII et Charles X.

Vergennes fut le célèbre ministre des Affaires Etrangères qui prépara et exécuta la guerre d'Amérique. Miromesnil avait été garde des sceaux de 1780 à 1787. La famille de Bernis était une vieille famille nimoise dont l'un des membres les plus connus fut le cardinal de Bernis, ministre de Louis XV, puis ambassadeur à Rome.

Loménie de Brienne fut ministre de Louis XVI, et sa mémoire est restée très impopulaire.

Guignard, vicomte de Saint-Priest, fut intendant de Languedoc de 1751 à 1785. Il fut remplacé par Ballainvillers (1785-1790). La volumineuse correspondance de Saint-Priest, recueillie dans nos archives départementales et municipales, prouve qu'il s'associa très particulièrement à tout ce qui intéressait notre ville.

Le général Talleyrand de Périgord était commandant général de la province de Languedoc. Louis de Gontaut, duc de Biron, avait été gouverneur général du Languedoc, à la fin du XVIIIe siècle.

Nous ignorons pour quel motif spécial le nom célèbre de Rohan fut donné à la place, aujourd'hui place Saint-Charles.

De Balore, évêque de Nimes, de 1784 à 1791, après avoir été évêque d'Alais, s'occupa tout particulièrement des intérêts de notre ville, pendant son court épiscopat. Possesseur d'une grande fortune, il subventionna bon nombre d'œuvres sociales. Il secourut largement les ouvriers sans travail pendant une longue crise de chômage. Il mourut, en 1812, dans un état voisin de l'indigence. Son souvenir mérite d'être respectueusement conservé.

De Calonne fut ministre des Finances de 1785 à 1787. Son souvenir, comme celui de Brienne, resta impopulaire.

De Dillon était, à cette même époque, archevêque de Narbonne et président des Etats de Languedoc.

Souhaitons, en terminant, que le curieux plan de Raymond soit exposé dans l'une des salles du Musée du Vieux-Nimes, dont il ne serait pas une des pièces les moins intéressantes.

CHAPITRE XII

Les Sépultures des Evêques de Nimes

I

La plupart des évêques qui ont occupé le siège de Nimes, pendant le moyen-âge jusqu'au XVIIe siècle, ont été inhumés dans la Cathédrale. A partir du XVIIe siècle, nous avons recueilli, chez divers historiens, les renseignements suivants sur la sépulture de nos évêques.

Mgr Cohon, qui fut évêque de Nimes à deux reprises, de 1633 à 1644 et de 1655 à 1670, fut enterré dans la chapelle de l'Immaculée-Conception qu'il avait fait bâtir derrière le maître-autel de la Cathédrale. Son tombeau est du côté de l'Evangile. Une longue inscription, placée dans cette chapelle par Fléchier, rappelle les divers événements de la vie de Cohon. Son cœur fut déposé dans la chapelle du second couvent des Ursulines, situé sur la place des Arènes.

Hector d'Ouvrier, évêque de 1644 à 1655, fut inhumé dans la Cathédrale.

Jacques Séguier de la Verrière, évêque de Nimes de 1671 à 1689, mourut fort âgé dans son domaine de la Verrière, où il s'était retiré. Il fut enterré dans l'église du Mesnil-St-Denis, diocèse de Paris.

Fléchier, qui occupa avec éclat le siège de Nimes, de 1692 à 1710, fut inhumé dans la chapelle du St-Sacrement, édifiée sous son épiscopat. Son caveau est situé au centre de la chapelle ; il a été remanié en 1871 et en 1881 : une simple croix, gravée sur le pavé et à demi effacée, indique cette sépulture. Près de l'autel de cette chapelle se trouve une longue inscription latine, très élogieuse pour l'illustre prélat, et composée par Lamoignon de Bâville. intendant de la province, le meilleurs de ses amis.

Rousseau de la Parisière, évêque de Nimes de 1710 à 1736. fut inhumé dans le caveau des évêques de Nimes, situé sous le sanctuaire de la Cathédrale. Mgr de Becdelièvre, évêque de 1737 à 1784, fut également inhumé dans le caveau des évêques.

Mgr de Balore, qui avait été d'abord nommé évêque d'Alais en 1776, fut transféré au siège de Nimes en 1784. Il dut prendre le chemin de l'exil en 1792 et mourut à Polisy, près de Bar-sur-Aube. le 18 octobre 1812. Le 27 octobre 1882, ses restes mortels furent transférés à Nimes et déposés dans le caveau des évêques, restauré et agrandi par les soins de Mgr Besson, lors des importantes réparations faites, à cette époque, à notre vieille Cathédrale.

Mgr de Chaffoy, évêque de Nimes, de 1821 à 1837, fut inhumé dans la chapelle de son grand séminaire, établissement construit sous son épiscopat avec le produit d'abondantes souscriptions des catholiques.

Mgr Cart (1838-1855), repose au centre du cimetère St-Baudile. Son mausolée est une belle œuvre d'art due au sculpteur nimois Paul Colin, d'après les plans de Révoil. Il présente la forme d'une chapelle ogivale. L'évêque est représenté couché et revêtu de ses ornements pontificaux. La tête est, dit-on, d'une ressemblance parfaite. Nous avons vu cette tombe longtemps fleurie par des mains pieuses, en souvenir des nombreux bienfaits de ce saint pontife.

Mgr Plantier (1855-1875), voulut être enterré dans la chapelle de N.-D. de Lourdes, à la Cathédrale. Une épitaphe encastrée dans le pavé, au seuil de la chapelle, rappelle les diverses phases de la vie du vaillant et éloquent évêque. Cette inscription, aujourd'hui à demi effacée, demande à être refaite.

Mgr Besson (1875-1888), repose au milieu de ses prédécesseurs, dans le caveau des évêques qu'il avait fait reconstruire en 1882.

Mgr Gilly (1889-1896) fut inhumé dans le cimetière St-Baudile, non loin de Mgr Cart. Son tombeau, d'une belle sobriété artistique, est l'œuvre de M. Allard, architecte, et de M. Jamain, sculpteur.

La dépouille mortelle de Mgr Béguinot a été ensevelie à la Cathédrale, dans le caveau des évêques.

II

M. l'abbé Bruyère, qui a pu visiter le caveau de la Cathédrale, le décrit ainsi : « Le caveau des évêques est actuellement formé de quatre chambres funéraires dont trois sont disposées dans le sens de la longueur de l'église : une derrière le maître-autel, les deux autres par devant et sous les marches même de l'autel. La quatrième, dirigée vers le nord, leur est perpendiculaire et aboutit au pourtour, près de la grille du sanctuaire, en face la porte de la rue Saint-Castor. Une dalle permet d'y accéder à cet endroit, ce qui fait que le caveau a deux entrées. «L'autre entrée est située derrière le maître-autel et porte l'épitaphe suivante gravée par les soins de Mgr Besson :

NEMAVSENTIVM EPISCOPORVM

SECVNDA DOMVS

DONEC TERTIA (1)

M. Bruyère donne en outre les détails suivants :

« La première chambre est d'une profondeur detrois mètres, d'une longueur à peu près égale, et d'une largeur de un mètre soixante. Dans ce caveau sont enterrés Mgr Besson et Mgr Béguinot. On y trouve encore des cercueils en mauvais état contenant les restes de NNgrs Balore, de la Parisière et de Becdelièvre.

» Au fond de cette première chambre, une ouverture, située à un mètre et demi du sol, exactement sous le tabernacle du maître-autel, donne naisssance à un étroit couloir où l'on avance à genoux ou courbé l'espace d'environ deux mètres. A son extrémité, et à gauche, sous les marches du maître-autel, du côté de l'épitre, un trou béant s'ouvre sur une seconde chambre, dont le sol est à une profondeur de deux mètres et, par suite, légèrement plus bas que celui de la première chambre. » Cette chambre contient deux squelettes qui n'ont pu être identifiés.

---

(1) « Deuxième demeure des Evêques de Nimes, en attendant la troisième ».

« A droite de cette seconde chambre, sous le passage qui permet d'accéder de la première à la seconde, une ouverture en partie obstruée conduit dans une troisième chambre, située sous les marches du maître-autel, du côté de l'Evangile : elle est de même dimension que la précédente. Cette chambre contient de nombreux ossements, probablement les restes des évêques du moyen-âge.

« La dernière chambre funéraire, plus longue (environ quatre mètres) et moins large (environ un mètre cinquante) que les précédentes, a son entrée corrrespondant à celle qui fait communiquer entre elles les deuxième et troisième chambres. Elle leur est perpendiculaire et dirigée vers le nord ; elle est presque complètement obstruée. » On y trouve deux cercueils : ceux de M. de Rochemore et de M. Ferrand, les deux premiers curés de la cathédrale après la révolution.

Comme on le voit, ces caveaux, destinés à la sépulture des évêques de Nimes, nécessitent une sérieuse restauration.

CHAPITRE XIII

L'Hôtel Séguier.

Nimes ne possède pas, comme les villes voisines, Montpellier et Avignon, un grand nombre de beaux hôtels anciens ; ceux qui subsistent dans notre ville ne sont, en général, que de grandes bâtisses sans caractère architectural remarquable, comme l'hôtel de Baschi (rue de Sauve), l'hôtel de la Prévôté, (maison Rébuffat), l'hôtel Rivet, (lycée de jeunes filles), etc. Seuls, le Château-Fadaise, l'hôtel occupé par l'Académie (rue Dorée), l'hôtel de Bernis, l'hôtel de Caveirac (rue Fresque, maison Mazel), offrent un caractère spécial, curieux ou artistique.

L'ancien hôtel Séguier peut être compris dans la catégorie des bâtiments dépourvus de caractère ; mais, la notoriété de l'illustre savant qui l'a édifié et généreusement donné à notre Académie, semble demander une note spéciale dans nos chroniques du Vieux-Nimes.

La construction de l'hôtel Séguier remonte à l'année 1771. Nous trouvons, en effet, dans la correspondance de Séguier, conservée dans le dépôt des manuscrits de la bibliothèque municipale, une lettre de ce savant adressée à Carlo Allione, médecin de Turin, datée du 17 décembre 1771, dans laquelle il lui disait qu'il avait déplacé une portion de la partie minéralogique de ses collections « dans la nouvelle maison qu'il venait de faire bâtir et qu'il comptait aller occuper dans six mois ».

Le 15 mai 1772, il écrivait à Allione qu'il déménageait toutes ses collections dans son nouvel immeuble, dont il fit son habitation, avec sa sœur, et où il mourut.

Par deux donations en date du 15 septembre 1778 et 19 janvier 1780, Séguier légua à l'Académie de Nimes, dont il venait d'être nommé protecteur, sa riche bibliothèque, ses manuscrits, sa collection de médailles et son cabinet d'histoire naturelle.

En reconnaissance de ces dons, le Conseil de Ville affecta à la rue habitée par Séguier, appelée alors rue de Meude, le nom de l'illustre savant.

Séguier avait eu l'intention de léguer sa maison à des œuvres charitables. Mais, devant l'embarras où se trouvait l'Académie pour loger la bibliothèque et les collections du donateur, Mgr Becdelièvre suggéra à Séguier de léguer également son hôtel à l'Académie, moyennant une somme de quinze mille livres affectée à des œuvres charitables, soit 12.000 livres au profit de l'Œuvre de la Miséricorde, et 3.000 livres au profit de l'hôtel-Dieu.

En outre, une somme de 1.500 livres devait être payée aux Pères Carmes pour solde du prix du terrain sur lequel la maison avait été construite.

Séguier accepta ces suggestions et fit donation de son hôtel à l'Académie, par acte notarié du 19 janvier 1780. L'Académie paya la plus grande partie du prix exigé ; la différence fut réglée par Mgr Becdelièvre sur ses deniers personnels.

Séguier mourut subitement dans sa demeure, le 1er septembre 1784, à l'âge de quatre-vingt-un ans.

L'Académie ne jouit pas longtemps des dons magnifiques de son protecteur. Une loi de 1791 ordonna la vente de tout ce qui appartenait aux sociétés, établissements, confréries et congrégations supprimées.

Les livres compris dans la confiscation générale des biens des sociétés et corporations de toutes sortes, déclarés bien nationaux, furent entassés dans la chapelle du Collège, à la disposition de l'Ecole centrale du Gard. Tous ces livres, fonds Séguier, bibliothèque des Capucins, Dominicains, Récollets, etc., constituèrent le premier noyau de notre riche bibliothèque municipale. Les objets antiques des collections Séguier, après avoir longtemps vagabondé en divers endroits de la ville, ont été réunis et sont aujourd'hui soigneusement conservés dans nos divers musées. Malheureusement, bon nombre de ces curiosités ont disparu. L'herbier de Séguier, longtemps négligé, a été bien détérioré et a perdu de nombreux spécimens curieux ; il est encore néanmoins d'une grande valeur et forme un cabinet intéressant composé de plus de 8.000 pièces. M. Clément l'a soigneusement reconstitué, et il est classé dans une salle spéciale du Musée d'histoire naturelle dirigé par M. Cabanès.

Le riche médailler de Séguier, qui comprenait de sept à huit mille pièces, a subi également bien des vicissitudes. Des voleurs, à deux reprises différentes, le dépouillèrent de ses pièces les plus importantes, dont bien peu ont pu être retrouvées.

Le cabinet des médailles de la Maison-Carrée a été constitué avec ce qui a pu être sauvé de la collection Séguier et avec la riche collection confisquée à la Chartreuse de Valbonne en 1791. La ville a fait, au cours du dernier siècle, plusieurs importantes acquisitions de monnaies et médailles. Enfin, M. Goudard a enrichi ce Musée d'une fort belle collection, augmentée encore dernièrement par un don très important de M. de Villeperdrix.

L'hôtel Séguier fut vendu comme bien national le trois messidor an IV, (23 juin 1795), à un sieur Sigismond Descole, pour le prix de 13.050 francs ; l'immeuble occupait une superficie de 181 toises, un pied, quatre pouces, y compris le jardin et l'orangerie (Rouvière, *Aliénation des Biens nationaux dans le Gard*) Sigismond Descole le revendit deux jours après, au citoyen Jean Pieyre. M. Liotard fait remarquer à ce propos que le citoyen Pieyre figurait parmi les administrateurs du département qui procédèrent, au nom du Directoire, à la première vente, et il en conclut que Descole n'avait été qu'un prête-nom ou un fondé de pouvoir. Un majorat de 5.000 francs de revenu fut attribué à l'immeuble Séguier par lettres patentes du 9 septembre 1824, en faveur de Jean Pieyre, ancien préfet, pour être affecté au titre de baron de l'Empire, jadis accordé au dit Pieyre.

L'hôtel Séguier fut loué par la ville et le département pour l'installation de l'Académie universitaire du Gard, supprimée en 1848. L'inscription placée sur la porte de l'immeuble, «Hôtel de l'Académie», rappelle la dernière destination de cet immeuble et non, comme beaucoup le pensent, la donation de Séguier à notre société savante locale. Les deux derniers recteurs de notre Académie de Nimes, MM. Nicot et Moriau, ont laissé le souvenir d'esprits des plus distingués.

En 1861, le baron Edmond Pieyre, voulant vendre l'hôtel, se fit autoriser à transférer son majorat sur des immeubles situés dans la commune de St-Hippolyte-du-Fort. Cette formalité remplie, la maison de Séguier fut vendue, par acte reçu Mes Sambucy et Comte, notaires à Nimes, le 6 avril 1861, à M. le docteur Alexandre Pleindoux.

A la suite du décès de M. Pleindoux, Madame Charles Correnson, sa fille, vendit l'immeuble à M. Cabane (de Florian), par acte reçu Me Sambucy, notaire à Nimes, le 30 mai 1879. Ce nouveau propriétaire fit transporter au Musée lapidaire les restes d'antiquités réunis par Séguier dans son jardin.

Le 24 septembre 1889, M. le docteur Delon se rendit acquéreur de l'hôtel Séguier. L'immeuble est aujourd'hui la propriété de M. Lahaye, peintre parisien distingué.

Il serait souhaitable de voir les vastes salles de l'ancien hôtel Séguier revenir à leur destination primitive et abriter, soit l'une de nos sociétés savantes, soit partie des belles collections dont la ville s'enrichit chaque jour.

CHAPITRE XIV

La Maison de Courbis.

François Rouvière et les autres historiens de la Révolution dans le Gard racontent que l'odieux Courbis assistait, des fenêtres de son habitation, à l'exécution des victimes du tribunal révolutionnaire, victimes envoyées pour la plupart à l'échafaud sur sa propre dénonciation.

On nous a demandé où était exactement située la maison de ce légendaire tyran de notre département.

A l'époque de la révolution. l'arbre de la Liberté occupait le centre de l'Esplanade, et la sinistre guillotine se dressait à côté, à peu près en face le monument élevé en souvenir de nos morts de la guerre.

La maison de Courbis occupait la partie du péristyle actuel du Palais touchant l'aile du bâtiment où se trouvent la salle des délibérations du tribunal et le cabinet du président. Cette aile du Palais a été construite sur l'emplacement de la façade de la maison Courbis, qui s'étendait au couchant, sur un vacant appelé le Jardin du Palais.

Au devant de la maison, face à l'Esplanade, se trouvait un terrain acheté par Courbis à la commune; ce terrain avait été pris sur les remparts et les fossés de la ville.

Un document du temps décrit ainsi la maison de Courbis :

« La maison avoisine le Palais de Justice et le borne au midy ; elle se compose d'un ancien corps de bâtiment acheté par Courbis, et de constructions commencées tant sur le jardin appelé autrefois Jardin du Palais dont Courbis avait fait l'acquisition, et sur le local qu'occupait partie des remparts de la ville. »

La maison avait été achetée par Courbis, le 9 mars 1785, d'un sieur Tempié, qui la tenait des Sœurs de la Miséricorde.

Le jardin, ayant appartenu à la Couronne, avait été adjugé par le district à André Chassanis, suivant procès-verbal du 9 germinal an II, et dont Courbis paya le prix en exécution de l'élection de domicile que fit André Chassanis à son profit.

Enfin, le terrain avait été acquis par Courbis de la commune de Nimes, en exécution de l'arrêt du conseil du 5 septembre 1785.

Les confronts de ces immeubles sont ainsi désignés : « Au levant. inclinant un peu sur le Nord, le Palais de Justice ; du couchant, la rue du Palais ; du Midi, le chemin public (boulevard de l'Esplanade), trottoir entre deux. »

L'ensemble de ces immeubles couvrait une superficie de 731 mètres.

La maison, les constructions adjacentes restées inachevées et les terrains furent expropriés, en 1802, pour l'agrandissement du Palais.

La veuve Courbis. retirée à Rochefort-du-Gard, toucha une indemnité de 16.124 francs, indemnité réellement bien inférieure à la valeur des immeubles.

Courbis, qui avait été procureur avant la révolution, continua à exercer ses fonctions pendant la Terreur, sous le couvert d'un prête-nom.

Table des Matières

A PARAITRE

Le Jardin de la Femme

Frontispice et Ornements

DE

Charles GUÉRIN

—

EN VENTE

à la même librairie

L. AILLAUD.	**Vie de Louis-Etienne RICARD** Lieutenant au présidial de Nimes Député aux Etats généraux de 1789.	Frs **3,50**
BATISTO BONNET.	**Vie d'Enfant** (Avec la traduction d'Alphonse Daudet, couverture illustrée par Maurice Robert).	Frs **7,50**
M. PAGÈS.	**A l'Ombre des Vieux Murs** Légendes languedociennes illustrées	Frs **6,00**
Eloy VINCENT.	**La Chatte Borgne** (Illustr. de l'Auteur).	Frs **8,00**
Louis ROUMIEUX.	**Lou Maset de Mèste Roumieu** (Musico de soun grand).	Frs **1,75**
E. DODE.	**Pantai Prouvençau** (Couverture illustrée par Eloy Vincent).	Frs **5,00**

www.ingramcontent.com/pod-product-compliance
Ingram Content Group UK Ltd.
Pitfield, Milton Keynes, MK11 3LW, UK
UKHW021544260726
13993UKWH00002B/617